BÉATRIX

OU

LA MADONE DE L'ART

COMÉDIE EN CINQ ACTES, EN PROSE

PAR

ERNEST LEGOUVÉ

DE L'ACADÉMIE FRANÇAISE

PARIS

MICHEL LÉVY FRÈRES, LIBRAIRES-ÉDITEURS

RUE VIVIENNE, 2 BIS

M DCCC LXI

BÉATRIX

COMÉDIE

Représentée pour la première fois, à Paris, sur le second Théâtre Français, le 25 mars 1861.

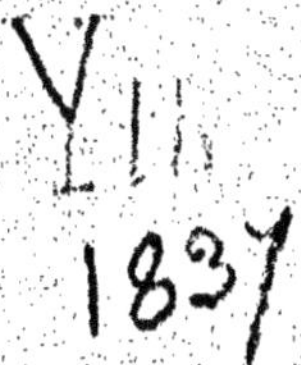

PARIS. — IMPRIMERIE DE J. CLAYE, RUE SAINT-BENOIT, 7.

BÉATRIX

OU

LA MADONE DE L'ART

COMÉDIE EN CINQ ACTES EN PROSE

PAR

ERNEST LEGOUVÉ

de l'Académie française

PARIS

MICHEL LÉVY FRÈRES, LIBRAIRES-ÉDITEURS

RUE VIVIENNE, 2 BIS, PARIS

M DCCC LXI

A

M. MATHIEU

AVOCAT A LA COUR IMPÉRIALE

MON CHER AMI,

Permettez-moi de vous dédier cet ouvrage. Je ne fais ainsi qu'acquitter une dette, car si vous n'aviez pas gagné la cause de *Médée*, je n'aurais pas pu plaider celle de *Béatrix*.

E. LEGOUVÉ.

PERSONNAGES

BÉATRIX. . . . . Mme RISTORI.
LA GRANDE-DUCHESSE. . . . . RAMELLI.
LA MARQUISE. . . . . BERTIN.
LE PRINCE FRÉDÉRIC. . . . . MM. RIBES.
KŒRNER. . . . . KIME.
OLDENBOURG. . . . . FEBVRE.
KINGSTON (*impresario*). . . . . THIRON.
SMITS (*son régisseur*). . . . . ÉTIENNE.
DAMES ET GENTILSHOMMES DE LA COUR.

La scène se passe en Allemagne.

BÉATRIX

ACTE PREMIER

Le théâtre représente un petit salon élégant. A droite, au fond, pan coupé faisant balcon, porte au fond, portes latérales, une table et tout ce qu'il faut pour écrire.

SCÈNE PREMIÈRE.

LA GRANDE-DUCHESSE DOUAIRIÈRE, OLDENBOURG, KOERNER, GENTILSHOMMES DE LA COUR.

OLDENBOURG, à la grande-duchesse.

Votre altesse désire s'arrêter dans ce pavillon ?

LA GRANDE-DUCHESSE.

Quelques instants, mon cher comte, et j'en profiterai pour signer les derniers actes de ma puissance... Avez-vous les arrêtés ?

OLDENBOURG.

Les voici.

LA GRANDE-DUCHESSE, à tous ceux qui l'entourent.

Oui ! messieurs, après deux ans de maladie et d'absence, notre cher fils et souverain, le grand-duc Guillaume, revient enfin dans ses états. Demain cessera la régence qu'il nous avait confiée, à son frère le prince Frédéric et à moi, et j'espère qu'il reconnaîtra notre tendresse dans sa capitale embellie et renouvelée. (A un personnage du fond.) Les travaux que j'ai ordonnés dans la ville ?

UN OFFICIER.

Sont achevés, altesse.

LA GRANDE-DUCHESSE.

Le nouvel hospice?

OLDENBOURG.

A reçu cinquante malades ce matin.

LA GRANDE-DUCHESSE.

La fontaine de la place Royale?

OLDENBOURG.

A porté de l'eau depuis hier dans tout le vieux quartier.

LA GRANDE-DUCHESSE, à l'officier.

Notre musée?

L'OFFICIER.

Est enrichi d'un nouveau Raphaël.

LA GRANDE-DUCHESSE.

Et notre bibliothèque?

OLDENBOURG.

D'un nouveau bibliothécaire, le savant Grégorius.

LA GRANDE-DUCHESSE.

Qu'on le traite comme un prince de la science. C'est une des gloires de notre chère Allemagne, messieurs, que son culte pour tout ce qui s'appelle sciences ou arts. Il n'y a qu'en Allemagne qu'on voit des grands-ducs écrire des opéras, des rois publier des poésies! Les autres souverains pensionnent les artistes; nous, nous les aimons, ou plutôt nous sommes artistes nous-mêmes, sans cesser d'être souverains! A trois heures, messieurs, au rendez-vous de chasse. (A Oldenbourg.) Monsieur le comte, je vous garde. (A Kœrner.) Capitaine Kœrner, approchez. (Les personnes de la Cour s'éloignent, sauf Oldenbourg et Kœrner.)

SCÈNE II.

LA GRANDE-DUCHESSE, OLDENBOURG, KŒRNER.

OLDENBOURG, bas à Kœrner.

Avance donc!

KŒRNER.

Elle m'impose.

LA GRANDE-DUCHESSE, à Kerner.

Qu'est-ce encore que cette querelle, hier, à la chasse ?

OLDENBOURG.

Il faut que votre altesse lui pardonne. C'est le premier duel qu'il a depuis quinze jours.

KOERNER, avec empressement.

C'est vrai, altesse... depuis quinze jours, pour vous obéir.

LA GRANDE-DUCHESSE.

Assez... Vous ne voyez pas qu'il se moque de vous... Eh! quel est le motif de cette altercation ?

KOERNER, avec embarras.

Le motif? Mon Dieu... votre altesse sait que quand on est amoureux...

LA GRANDE-DUCHESSE.

D'abord, je ne veux pas qu'on soit amoureux dans mes états, excepté de sa femme, et comme vous n'êtes pas marié...

KOERNER.

Mais alors, altesse, comment faire ?

LA GRANDE-DUCHESSE.

On attend.

KOERNER.

Mais en attendant, altesse... quand on est amoureux comme un enragé...

LA GRANDE-DUCHESSE.

Voilà qui est encore défendu... On n'est pas enragé dans ce duché. Et encore, si vous ne l'étiez que pour cela... mais vous l'êtes aussi pour faire des dettes... et pour ne pas les payer... Que de tels désordres ne se renouvellent plus... ou sinon... Allez !

KOERNER, bas à Oldenbourg.

Mon cher, elle est ici !

OLDENBOURG, bas.

Va-t'en !

KOERNER, bas.

Mais je te dis qu'elle est ici !

OLDENBOURG, *bas.*

Oh! le fou!... Mais va-t'en donc! *(Kerner sort.)*

SCÈNE III.

LA GRANDE-DUCHESSE, OLDENBOURG.

LA GRANDE-DUCHESSE.

A votre tour, approchez, monsieur le chambellan. Eh bien! est-elle arrivée?

OLDENBOURG.

Cette nuit même.

LA GRANDE-DUCHESSE.

Elle repose?

OLDENBOURG.

Je le pense.

LA GRANDE-DUCHESSE, *inspectant le pavillon.*

Tout est-il bien disposé dans ce pavillon pour l'y recevoir?

OLDENBOURG.

Votre altesse peut en juger par ce petit salon.

LA GRANDE-DUCHESSE.

Il est fort bien.

OLDENBOURG.

Ce pavillon isolé du palais, communiquant aux jardins *(Montrant le balcon.)* par ce perron, est une véritable retraite d'artiste; elle y sera tout à fait chez elle.

LA GRANDE-DUCHESSE.

A merveille!... Et personne, bien entendu, ne se doute de son arrivée! Vous savez que c'est une surprise que je réserve à mes fils!

OLDENBOURG.

Oh! votre altesse peut être tranquille... Excepté elle... moi, le secrétaire qui a été la chercher, les postillons qui l'ont conduite, le concierge qui l'a reçue, les domestiques qui la servent... son imprésario qui l'accompagne... personne ne se doute...

LA GRANDE-DUCHESSE, *riant.*

Voilà un secret bien gardé !

OLDENBOURG.

Sans doute ! nous sommes sept pour cela !

LA GRANDE-DUCHESSE.

C'est vrai... sept !

OLDENBOURG.

Sept, sans compter mon cher cousin Kœrner... car il sait qu'elle est ici... C'est pour elle qu'il s'est battu... C'est d'elle qu'il est amoureux !

LA GRANDE-DUCHESSE.

Que me dites-vous là ?

OLDENBOURG.

Que votre altesse se rassure, je veillerai sur lui !

LA GRANDE-DUCHESSE, *souriant.*

Si vous en profitiez pour veiller sur vous-même.

OLDENBOURG.

Altesse !

LA GRANDE-DUCHESSE.

Je sais ce que je dis... J'ai pour vous, mauvais sujet, en souvenir de votre pauvre mère qui m'était si dévouée, et de ce titre de filleul que j'ai eu bien tort de vous donner, un faible et une confiance que vous ne méritez guère...

OLDENBOURG.

Mais il me semble pourtant, altesse, que cette négociation...

LA GRANDE-DUCHESSE.

Vous fait le plus grand honneur dans mon esprit, car j'éprouve pour cette personne singulière un attrait...

OLDENBOURG.

Dont vous me permettrez de m'étonner. Personne ne porte plus haut que votre altesse, et avec un plus noble orgueil... le nom de souveraine !... Personne... et cet éloge n'est pas suspect dans ma bouche, à moi qui suis un peu profane !

LA GRANDE-DUCHESSE.

Un peu est bien peu !

OLDENBOURG.

Personne ne se distingue par une plus sévère austérité de principes, et, après tout, cette femme qui vous attire si singulièrement est une femme de théâtre.

LA GRANDE-DUCHESSE.

Oui, mais c'est un être à part.

OLDENBOURG.

Par son talent.

LA GRANDE-DUCHESSE

Par son caractère... par sa vie!

OLDENBOURG.

Sa vie?... Quoi! votre altesse connait?...

LA GRANDE-DUCHESSE, lui faisant signe de s'asseoir.

Une partie de ce qui la touche. Nous autres femmes austères, comme vous dites, nous aimons à pénétrer dans ces existences exceptionnelles et agitées... c'est notre manière d'avoir des aventures!... Or donc, Béatrix est née dans les environs de Rome... Son frère, pauvre curé de montagnes, l'éleva dans les pratiques de la piété, et, tout enfant, elle avait sur le front tant de divine lumière qu'on l'appelait la petite madone.

OLDENBOURG.

Comme on l'appelle aujourd'hui la madone de l'art.

LA GRANDE-DUCHESSE.

Jeune fille, elle chantait à l'église les psaumes sacrés avec une voix angélique, la voix de son âme. A dix-sept ans, elle trouva, dit-on, par hasard, une grande œuvre tragique, se prit d'enthousiasme pour la poésie, récita les beaux vers d'Alfieri et de Monti, comme elle chantait... et chante encore parfois les psaumes de Marcello, et enfin, à vingt-deux ans, entraînée par son génie, elle parut sur la scène!...

OLDENBOURG.

Singulier dénoûment, une sainte qui se fait comédienne!

LA GRANDE-DUCHESSE.

Ce qui est plus singulier, c'est que la comédienne est presque restée une sainte. Austère et même mystique, jamais, depuis quatre ans que l'Europe l'idolâtre, elle n'a cessé de prélever une large part sur ce qu'elle gagne pour le convertir en fondations bienfaisantes; jamais, au milieu de tous les enivrements du triomphe, elle n'a oublié les pieuses pratiques de son enfance; jamais, parmi tant d'adorations passionnées, elle n'a laissé aller son cœur à la moindre faiblesse.

OLDENBOURG.

On dit pourtant que les scènes où son talent brille le plus sont les scènes d'amour.

LA GRANDE-DUCHESSE.

Oui! mais quel amour! Tenez, c'est peut-être là le trait le plus distinctif de cette personne singulière. On m'a raconté qu'un jour un poëte fort distingué composa pour elle un ouvrage qu'il apporta à un de ses amis... « Il est inutile que vous le présentiez « à Béatrix, dit l'ami après l'avoir lu. — Pourquoi? — Parce « que votre héroïne est la maîtresse de votre héros. »

OLDENBOURG.

Eh bien!

LA GRANDE-DUCHESSE.

« Eh bien! répondit l'ami, jamais Béatrix ne représentera un « personnage de maîtresse. »

OLDENBOURG, riant.

Oh! oh! elle bornait beaucoup son répertoire!

LA GRANDE-DUCHESSE.

Non, elle l'agrandit! Oui, elle l'agrandit! Elle fit appel au double génie poétique de son pays. En bonne Italienne, elle se souvint que sa langue sait aussi bien traduire que créer; elle emprunta tout ensemble à Schiller sa Thecla, à Sophocle son Antigone, à Euripide son Alceste, à Shakspeare sa Desdemona, à Corneille sa Pauline, et, se faisant ainsi un cortége des types les plus nobles de toutes les littératures, elle s'avança au milieu d'eux sur la scène, moins comme une interprète que comme une sœur, aussi pure dans sa vie que dans son talent, et nous montrant la merveille d'une femme que Dieu a trois fois bénie, car il l'a créée musicienne, tragédienne et femme de bien!

OLDENBOURG.

Faut-il dire bravo ou amen, altesse ?

LA GRANDE-DUCHESSE.

Oh ! le païen !... A propos, comment parle-t-elle notre langue ?

OLDENBOURG.

Comme une étrangère ; elle a de l'accent ; mais il me semble... Enfin, sa majesté en jugera.

LA GRANDE-DUCHESSE.

Et sa figure, sa démarche ?...

OLDENBOURG.

C'est tout au plus si j'en ai pu juger ; je n'ai guère vu que celui qui empêche de la voir, M. Kingston.

LA GRANDE-DUCHESSE.

Qu'est-ce que M. Kingston ?

OLDENBOURG.

Son impresario, son Barnum !... Et comme la pureté de Béatrix fait une partie de son auréole, et que M. Kingston a placé un million sur cette auréole-là, il a une peur que l'on ne fasse la cour à sa madone !... Il veille sur elle avec une sollicitude... Oh ! c'est bien l'espèce de jaloux la plus étrange...

LA GRANDE-DUCHESSE.

Mon fils Frédéric vient de ce côté. Laissez-moi avec lui ; je ne veux pas qu'il voie encore Béatrix ! — Veuillez ordonner à ma voiture de venir me chercher ici.

OLDENBOURG.

Oserai-je demander à votre altesse si tout est convenu pour le mariage du prince Frédéric avec la princesse Marguerite ?

LA GRANDE-DUCHESSE.

On n'attend plus que la réponse définitive de mon fils... qui me l'apporte sans doute.

OLDENBOURG.

Je m'éloigne... et je reviens (Il sort quand le prince entre. Le prince en entrant le salue de la main.)

SCÈNE IV.

LA GRANDE-DUCHESSE, FRÉDÉRIC.

FRÉDÉRIC, *avec affection.*

Ah! c'est vous, chère mère? Quand on m'a dit que vous étiez arrêtée dans ce pavillon isolé du palais, j'ai craint que vous ne fussiez souffrante... Heureusement, voilà un visage de vingt-cinq ans qui me rassure!

LA GRANDE-DUCHESSE.

Tu seras donc toujours aimable pour ta vieille mère, comme si tu n'étais pas souverain?

FRÉDÉRIC.

Oh! souverain!... par intérim!... Puis avouez que ma souveraineté n'est pas faite pour me tourner la tête!... Quand je pense que j'ai traversé nos États dans leur plus grande largeur, en...

LA GRANDE-DUCHESSE.

Oh! vous allez recommencer vos railleries sur ma taupinière!

FRÉDÉRIC.

Je m'en garderais bien!... Une taupinière qui fait son or elle-même!... Vous savez qu'il y a quelques années on a découvert aux environs de la ville un gisement aurifère, et que mon frère ordonna aussitôt des travaux de percement, d'exploitation... Eh bien! tant de labeurs ont enfin leur récompense, on a réuni tout l'or extrait depuis l'origine, et j'en ai fait faire...

LA GRANDE-DUCHESSE.

Quoi donc?

FRÉDÉRIC.

Trois pièces d'or!... oh! mon Dieu! oui!... trois!... J'ai fait déposer la première à la bibliothèque, comme spécimen de nos richesses métallurgiques, j'ai mis la seconde dans le trésor, pour subvenir aux dépenses imprévues, comme guerre d'invasion, etc... et j'ai lancé la troisième dans la circulation, pour augmenter le roulement des capitaux dans l'empire et provoquer les grandes entreprises industrielles.

LA GRANDE-DUCHESSE.

Est-ce tout, beau railleur? Voyons, ajoutez encore que comme le prince de Monaco vous ne pouvez pas vous venger du prince votre voisin parce que vous avez prêté votre canon? Allons, mettez-vous là! (Il s'assied près d'elle)... nos États sont petits... tant mieux! Il ne s'y pousse pas un seul soupir de douleur que je ne puisse l'entendre; nos États sont petits, tant mieux! ils seront mieux tenus! (Souriant). Je suis femme, c'est-à-dire plus ou moins ménagère, aimant que la maison soit propre et luisante, et si j'avais un grand empire, je ne pourrais penser sans tristesse à tout ce que mon royaume renfermerait de cloaques impurs, de routes dégradées... tandis que, grâce à sa petitesse même, ma chère miniature de royaume peut être soignée, parée,... charmante, et ornée, comme mon palais même, de toutes les beautés de la peinture et de la poésie!... Ferrare aussi était un petit État; mais c'est là qu'a brillé le Tasse! Urbino aurait tenu dans un coin de notre duché; mais c'est là qu'est né Raphaël! Et Vérone! et Pise! et Ravennes!... elles étaient petites comme nous... mais elles sont immortelles comme le génie qu'elles ont encouragé!...

LE PRINCE.

C'est vrai.

LA GRANDE-DUCHESSE.

Eh bien! telle est la grandeur que je veux pour ce duché... La grandeur des cités italiennes du XVIe siècle... mais leur grandeur sans leurs scandales; et pour réaliser mon rêve... que faut-il? Un souverain qui ait un noble cœur, et, Dieu merci, vous l'avez!...

FRÉDÉRIC.

Mais ce que je n'ai pas, chère et tendre mère, c'est la couronne même... mon frère seul est souverain!

LA GRANDE-DUCHESSE.

Il est vrai!... mais ton oncle, le grand-duc de Sforden n'a pas d'héritier plus proche que vous deux... Et sa principauté en s'adjoignant à la nôtre en ferait un duché de premier ordre. (Souriant). Un petit État devient bien vite un grand royaume... avec les annexions.

FRÉDÉRIC.

L'histoire le prouve. Mais mon frère seul est l'héritier du grand-duc.

LA GRANDE-DUCHESSE.

N'as-tu pas le plus juste espoir d'une couronne grâce à ton mariage?

FRÉDÉRIC, d'une voix émue.

Mon mariage!...

LA GRANDE-DUCHESSE.

Eh bien... qu'as-tu, mon cher fils, tu as pâli?... Voyons... ouvre-moi ton cœur comme à celle qui t'a toujours préféré à tout!... Tu sais, il y a entre nous deux des liens secrets qui tiennent à ce que nous nous ressemblons! c'est ce qui fait que je te connais si bien!... Qu'as-tu? — Quand ce mariage te fut proposé il y a trois mois, tu l'acceptas avec empressement... la princesse semblait te plaire... mais depuis six semaines... depuis ce court voyage que tu as fait à Vienne!...

FRÉDÉRIC.

C'est vrai!... c'est dans ce voyage que tout a changé, car c'est dans ce voyage que je l'ai vue!...

LA GRANDE-DUCHESSE.

Ah! j'en étais sûre!... encore l'amour!... Quelle terrible idée a eue là le bon Dieu d'inventer ce bouleverse-tout!

FRÉDÉRIC.

Sois tranquille!... cette fois, il ne bouleversera rien!... mon mariage se fera... car tu le désires... et c'est ma tendresse pour toi qui m'a donné la force de fuir... quand mon mal n'était pas encore sans remède!

LA GRANDE-DUCHESSE.

De fuir!... Quelle est donc cette femme?... Comment l'as-tu aimée?

FRÉDÉRIC.

Quelle elle est?... Je ne puis te le dire... comment je l'ai aimée?... En un jour... presque en un moment!... Oh! tu l'as dit... chère et tendre mère... nous nous ressemblons... mon cœur est pétri de la plus tendre et la plus intime substance du tien... seulement, cette imagination romanesque, qui chez toi, si idéale et si pure, s'exhale tout entière en poésie, en pitié pour les malheureux, en amour pour tes fils, m'a livré tout à coup à une de ces terribles passions de premier regard qu'ont immortalisée Juliette et Roméo... A peine ai-je entrevu cette femme, à peine ai-je entendu le son de sa voix, que j'ai senti... que si je ne m'arrachais pas à cet enchantement, j'étais perdu, qu'une heure plus tard cet amour serait plus fort que moi, plus fort que toi-même... qu'il ne me conseillerait que des choses insensées, et que je les ferais toutes... qu'il me dirait de manquer à ma parole, et que j'y manquerais, de rompre ce mariage, et que je le romprais, de te désespérer, et que je te désespérerais!

LA GRANDE-DUCHESSE.

Mais quelle est cette femme? C'est donc un monstre?...

FRÉDÉRIC.

Hélas non! c'est un ange, et c'est parce que c'est un ange que j'ai tremblé... On peut se défendre contre un monstre, mais quand c'est un ange qui se mêle de vous perdre... on n'a qu'une ressource, la fuite!

LA GRANDE-DUCHESSE.

Vraiment tu me fais peur... Je crains...

FRÉDÉRIC.

Ne crains rien... six semaines d'absence ont singulièrement affaibli déjà cette impression d'un moment; il me semble parfois que c'est un rêve... dans quelques jours, c'est moi-même qui viendrai te dire : Prépare tout pour mon mariage... et quand tu entendras ces paroles... sois sûre que mon cœur sera entièrement libre!...

SCÈNE V.

LES MÊMES, OLDENBOURG.

OLDENBOURG, à la grande-duchesse.

La voiture de votre altesse est prête... (S'approchant d'elle et bas). Et M. Kingston s'approche.

LA GRANDE-DUCHESSE, bas.

Bien!... nous nous éloignons! (A Frédéric). Allons... votre bras, beau rêveur!... (A Oldenbourg). Mon cher comte, n'oubliez pas le message dont je vous ai chargé... (Elle sort avec Frédéric).

SCÈNE VI.

OLDENBOURG, puis KINGSTON, SMITS.

OLDENBOURG, regardant dans la coulisse.

Le voilà qui entre, affairé, effaré...

KINGSTON, entrant avec Smits, et lui parlant.

Tu m'as bien entendu; un gardien à chaque porte.

SMITS.

C'est fait!

KINGSTON.

Toujours une femme de chambre ou toi dans la première pièce.

SMITS.

C'est convenu...

KINGSTON.

Si un certain capitaine Kœrner veut pénétrer jusqu'à elle...

SMITS.

Porte close!

KINGSTON.

Et s'il essaye, lui ou tout autre, de lui faire parvenir une lettre, un présent...

SMITS.

Confisqué!

OLDENBOURG, s'avançant et riant.

Confisqué!

KINGSTON, saluant.

Monsieur le comte Oldenbourg!

OLDENBOURG.

Eh! bon Dieu! monsieur Kingston! vous ressemblez à Don Bartholo!

KINGSTON.

Un Bartholo qui a mille Almaviva à combattre. Mais pardon, monsieur le comte, ce salon n'a pour issue que cette porte?

OLDENBOURG, *montrant le balcon à droite.*

Et le balcon qui donne sur les jardins.

KINGSTON, *montrant une porte latérale.*

Et...

OLDENBOURG.

Celle-ci, c'est la porte d'une galerie qui ne conduit qu'aux appartements de la grande-duchesse.

KINGSTON.

Je respire!

OLDENBOURG.

Je m'étonne qu'une tête audacieuse et inventive comme la vôtre...

KINGSTON.

Elle ne l'est que trop... inventive... pourvu que je ne me repente pas d'avoir inventé Béatrix.

OLDENBOURG, *riant.*

De quoi avez-vous peur?...

KINGSTON.

De tout!... Ah! monsieur le comte! si vous saviez ce que c'est que d'avoir placé toute sa fortune sur la vertu d'une femme! une valeur si variable! une denrée qui se détériore si facilement! c'est absurde! mais je suis comme cela: je n'aime que les entreprises impossibles.

OLDENBOURG.

Impossible... impossible! Voyons!... est-ce que Béatrix...

KINGSTON.

Oh! elle n'a jamais aimé, je le crois... pourvu que cela dure!...

OLDENBOURG, *riant.*

Eh bien! quand cela ne durerait pas...

KINGSTON.

Mais je serais perdu, et elle aussi...

OLDENBOURG.

Permettez! permettez!... Comment donc font les autres prime donne?

KINGSTON.

Les autres! les autres!... elles ont l'habitude. Mais elle... si pure... si noble de cœur... quand une passion la prendra, ce sera une passion sans bornes, qui mettra tout sens dessus dessous dans son âme! et encore, cela n'est rien; — mais c'est le public, le public, qui ne lui pardonnera jamais une faute!

OLDENBOURG.

Ah! çà, mais il me semble qu'il n'est pas si inflexible, le public!... Et avec les autres...

KINGSTON.

Avec les autres... avec les autres... il a l'habitude!... mais pour celles qu'il a mises sur un piédestal, il ne leur permet pas d'en descendre. Il est jaloux comme un mari, ou plutôt comme un amant.

OLDENBOURG.

Comme un amant malheureux.

KINGSTON.

Ce sont les plus terribles... ils tiennent d'autant plus à la vertu de leur idole...

OLDENBOURG.

Qu'ils n'ont que cela pour eux.

KINGSTON.

Précisément, puis au moins cela les met tous sur le même pied. Mais si elle en distingue un, il leur semble qu'elle leur fait une infidélité!

OLDENBOURG.

Infidélité qui me tenterait bien, si j'étais femme: tromper dix mille hommes à la fois!

KINGSTON.

Heureusement, je suis là... je veille!

OLDENBOURG, riant.

Ah oui! vous montez la garde autour de sa vertu?

KINGSTON.

Est-ce qu'on ne met pas des fonctionnaires devant le Trésor? — Mon Dieu! je ne lui demande pas l'impossible! Quatre ans de rigidité... il ne m'en faut pas plus!

OLDENBOURG.

Quatre ans... pour elle toute seule!...

KINGSTON.

Je la vois qui vient par cette galerie!...

OLDENBOURG.

Comme elle semble pensive!... Oh! elle lit!...

KINGSTON.

Oui!... une revue!... ce n'est pas dangereux cela!... Mais quand je pense que sur ces vingt lettres que j'ai reçues là pour elle (Montrant un paquet de lettres.) il y a peut-être dix déclarations...

OLDENBOURG.

Vraiment!

KINGSTON.

Croiriez-vous, monsieur le comte, qu'un soir dans la rue on a poussé l'audace jusqu'à lui en attacher une à son châle?

OLDENBOURG.

Ah! ah!

KINGSTON.

La voici!

SCÈNE VII.

LES MÊMES, BÉATRIX; Oldenbourg se retire à l'écart, sans être vu de Béatrix, qui s'avance en lisant un journal.

KINGSTON, s'approchant de Béatrix.

Comment se trouve ce matin l'idole des deux mondes, la divinité?...

BÉATRIX, gaîment et lisant toujours.

Assez! assez! mon cher Kingston... Vous parlez comme un programme!

KINGSTON.

Mais je parle le langage de l'Europe tout entière!

BÉATRIX.

Cela prouve que l'Europe ne sait pas toujours ce qu'elle dit...

KINGSTON.

Votre gloire...

BÉATRIX.

Ma gloire !... il n'y a pas de mot qui m'humilie davantage... De la gloire parce qu'on débite des tirades qui ne sont pas de vous !.., Et que réservez-vous donc au génie qui crée ? L'oubli et l'abandon ?... Oui ! oui ! ils me donnent cent mille francs par an pour jouer *Wallenstein*, et ils ont laissé mourir Schiller dans le besoin ! Tenez, ne parlons pas de cela, et écoutez ce récit, si vous êtes capable de le comprendre !

KINGSTON.

Je suis tout oreilles...

BÉATRIX, lisant le journal qu'elle tient à la main.

« Une jeune ouvrière traversait, il y a trois jours, la place du « Palais.., une voiture la renverse... un jeune homme s'élance, « l'enlève à demi-morte et la ramène chez elle. Ce qui s'ensui- « vit... »

KINGSTON.

Je le devine !

BÉATRIX.

Il lui parla d'amour...

KINGSTON.

Séducteur !...

BÉATRIX.

De reconnaissance...

KINGSTON.

Usurier !...

BÉATRIX.

Elle l'écouta.

KINGSTON.

Imprudente !... Il faut tant se défier des gens qui vous retirent de dessous les pieds des chevaux !...

BÉATRIX.

Elle l'écouta... l'aima...

KINGSTON.

Et le lui prouva !...

BÉATRIX.

Oui, le lui prouva ! Mais écoutez le reste. (Lisant.) « Le len le- « main, quand il accourut tout heureux de ce qu'il appelait son

« triomphe, il la trouva morte, morte avec ces simples mots auprès d'elle : Hier, je n'ai pu résister à vos prières; ce matin, je « ne puis résister à ma honte : vous avez exposé votre vie pour « moi, je meurs pour vous, nous sommes quittes... Adieu. »

KINGSTON.

Ah! la touchante lettre!... Et elle était vraiment morte?

BÉATRIX.

Oui!... vraiment! .. Cela vous étonne, n'est-ce pas?... Eh bien! moi... si une passion s'emparait de moi, ce qui, Dieu merci, ne m'arrivera pas...

KINGSTON, *à part.*

J'y mettrai bon ordre.

BÉATRIX.

Voilà comme je la comprendrais!... Préférer son amour même à son honneur... Préférer son honneur même à sa vie...

OLDENBOURG, *s'avançant.*

Voilà une noble maxime!

BÉATRIX.

Vous! monsieur le comte! vous étiez là? Vous avez entendu?

OLDENBOURG.

Ce que je n'oublierai jamais, madame.

BÉATRIX.

Mais c'est une trahison!

OLDENBOURG.

Dont je ne peux pas me repentir. Et je rendrai grâce toute ma vie à la grande-duchesse de m'avoir chargé de vous dire qu'elle désire vous montrer son parc elle-même aujourd'hui.

BÉATRIX.

Ah! voilà qui me dédommage d'avance de tout ce que va nous lire Kingston... car je vois qu'il tient là entre ses mains une foule de missives...

OLDENBOURG.

Est-ce que vous me permettez, madame, d'assister au dépouillement?

BÉATRIX.

Si je vous le permets, monsieur le comte? Je vous le demande.

ne fût-ce que pour vous donner de l'humilité en vous montrant ce que devient l'esprit des hommes quand ils écrivent à une femme. Voyons, procédons à l'inventaire. (Elle prend le paquet de lettres et commence à les ouvrir.) Quand je vous le disais! toujours le même air! (Lisant.) « Madame, combien vous avez été admi- « rable... » (Elle la jette. — Lisant.) « Madame, votre sublime « talent... » (Même jeu. — Lisant.) « Madame, quand je vous ai vue « si belle... » (Même jeu. — Elle en ouvre une autre.) Ah! en voici une plus originale, par exemple : « Madame, à votre première repré- « sentation, regardez à la troisième banquette à droite de l'or- « chestre, second fauteuil; j'aurai un bouquet de violettes à ma « boutonnière, et j'ose espérer que mon amour... » (Au comte, en riant.) Hein! quelle séduction! J'ai entendu quelquefois des femmes me dire : « Comment faites-vous pour résister? » A quoi j'étais toujours tentée de répondre : « Comment faites-vous pour « succomber?... Il y a un grand remède contre l'amour, ce sont « les amoureux. » (Elle a ouvert et jeté quelques lettres tout en parlant. — Avec indignation après en avoir parcouru une.) Quelle insolence!

OLDENBOURG et KINGSTON.

Qu'y a-t-il?

BÉATRIX, à Oldenbourg.

Tenez, monsieur le comte; tenez, lisez tout haut...

OLDENBOURG.

Madame...

BÉATRIX.

Non! non! lisez!

OLDENBOURG, lisant.

« Madame, un des plus grands charmes de votre figure est cer- « tainement dans ces mille boucles légères qui descendent si « élégamment sur votre cou. Que diriez-vous de quelqu'un qui « vous proposerait de mettre, un soir, à chacune de ces boucles, « un billet de banque pour papillote?... » Quelle infamie!

BÉATRIX, d'une voix tremblante.

Comment!... On a un nom sans tache, on a eu pour frère un ministre de Dieu, on est restée pure pendant vingt-cinq ans, et le premier venu, un lâche, un misérable peut-être, aura le droit de vous jeter à la figure l'insulte la plus sanglante. Et pourquoi?

Parce que vous êtes artiste... c'est-à-dire parce que vous usez votre vie à interpréter dignement les œuvres immortelles, et que vous avez pour culte ce qu'il y a de plus beau dans le monde après la vertu... le génie!... Je vais lui répondre! (Elle s'élance vers la table et écrit.)

BÉATRIX, prend le papier qu'elle vient d'écrire et lit :

« Monsieur, si j'étais assez vile pour me vendre, je ne vaudrais « pas la millième partie de ce que vous m'offrez, et si jamais je « me donne, tout votre or ne pourrait pas me payer. » (Déchirant sa lettre après un moment de silence.) C'est faire trop d'honneur à cette platitude que de s'en occuper aussi longtemps; j'aime mieux vous raconter une entrevue que j'ai eue, il y-a quelques jours, à Dresde.

OLDENBOURG.

Contez, madame, contez!

BÉATRIX.

Il faut que vous sachiez que ces messieurs sont très-ingénieux dans leurs moyens d'introduction; un des plus usités consiste à m'écrire : « Madame, électrisé par votre génie, » toujours mon génie! cela va sans dire, « je viens de composer pour vous un « drame, un rôle que je désire vous soumettre. » Ce drame, bien entendu, ils n'en ont pas écrit un mot, mais ils espèrent qu'une fois introduits sous ce prétexte, leurs grâces, leur esprit...

SCÈNE VIII.

LES MÊMES, KŒRNER; la fenêtre du balcon s'ouvre avec fracas, et Kœrner saute dans le salon.

KŒRNER.

Enfin, m'y voilà!

OLDENBOURG, à part.

Kœrner! (Il s'approche de lui.)

KŒRNER, bas.

Tais-toi! et fais semblant de ne pas me connaître.

OLDENBOURG, à part.

Quelle folie va-t-il faire?

BÉATRIX, s'approchant de Kœrner.

Oserai-je vous demander, monsieur...

KŒRNER.

Ce que je viens chercher, madame? Demande assez naturelle; je venais pour parler à l'illustre Béatrix!

BÉATRIX, souriant.

Par ce chemin, monsieur?

KŒRNER.

Mon Dieu, madame, j'en aurais autant aimé un autre... mais j'y ai été forcé!

BÉATRIX, riant.

Forcé d'entrer chez moi par la fenêtre?

KŒRNER.

Sans doute, madame, puisqu'on m'a impitoyablement fermé la porte...

KINGSTON, à part.

C'est le capitaine Kœrner!

KŒRNER.

Je n'avais donc qu'une ressource... sauter par-dessus les murailles... monter à l'assaut sur ce balcon...

BÉATRIX.

Vous désiriez donc bien me voir, monsieur?

KŒRNER.

Si je le désirais!...

BÉATRIX.

Eh bien! vous m'avez vue... ainsi vous pouvez, par la même route... (Elle lui indique la fenêtre.)

KINGSTON, riant.

Ah! bravo!

KŒRNER, avec feu.

Comment! Ne comprenez-vous pas, madame... qui je suis, ce qui m'amène?...

BÉATRIX.

Pas le moins du monde, monsieur.

KOERNER.

Mais je suis un poëte, madame, un poëte que votre génie a enthousiasmé.

BÉATRIX, bas à Oldenbourg.

Quand je vous le disais, monsieur le comte... écoutez bien ce qui va se passer. (Se tournant vers Kœrner avec grâce.) Ah! c'est bien différent, et je devine tout. Monsieur a sans doute composé pour moi un drame, une tragédie?

KOERNER.

Précisément, madame.

BÉATRIX.

Cela se trouve à merveille, car je désire un rôle.

KOERNER, à part.

Me voilà introduit!

BÉATRIX.

La pièce est en trois actes?

KOERNER.

En trois!

BÉATRIX.

Jolie coupe... Eh bien! monsieur, puisque vous avez pris tant de peine pour venir me trouver, il est bien juste que je vous écoute. Voici M. le comte Oldenbourg, un auditeur digne de vous, et M. Kingston, mon directeur... Lisez-nous votre ouvrage. (Elle s'assied en offrant un siége à Kœrner.)

OLDENBOURG, bas à Béatrix.

Admirable! madame... Ah! le pauvre capitaine! voyez donc sa figure!

BÉATRIX, à Kœrner.

Eh bien, monsieur?

KOERNER, embarrassé.

Eh bien! madame... ne pouvant compter sur un accueil si bienveillant...

BÉATRIX.

Vous n'avez pas apporté votre pièce.

KŒRNER, avec empressement.

Précisément!

BÉATRIX.

Eh bien! tant mieux! Vous me la raconterez.

KŒRNER.

Moi! vous raconter...

KINGSTON, à part, riant.

Ha! ha! encore meilleur!

BÉATRIX.

J'aime beaucoup à entendre un poëte raconter son ouvrage; son visage animé, le jeu de sa physionomie, sa voix, ses gestes complètent son drame mieux que le meilleur comédien..... et je suis persuadée qu'un chef-d'œuvre, raconté par vous, monsieur, serait deux fois un chef-d'œuvre.

KŒRNER.

C'est que... madame...

BÉATRIX, gracieusement.

Faut-il vous dire que je le veux?

KŒRNER, essayant de sourire.

Alors... certainement... (A part.) Je veux être mort si je sais que lui dire.

KINGSTON, à part.

Oh! la bonne figure! Va!... tourmente ton chapeau!... tousse! fais des hum! hum! cela va être amusant! (Kœrner tousse et ne dit rien.)

BÉATRIX, à Kœrner.

Est-ce que vous faites votre drame, monsieur?

KŒRNER.

Par exemple! madame!... c'est que je cherchais...

BÉATRIX.

Par où commencer? Ah! oui!... c'est assez embarrassant... Mais je ne crains rien, monsieur; un homme qui a autant d'imagination pour les entrées... saura bien trouver une sortie... Et d'abord, voyons, dites-moi le titre.

OLDENBOURG et KINGSTON.

Oui, le titre! le titre!

KŒRNER, embarrassé.

Le titre... vous me demandez le titre?

BÉATRIX.

Précisément!

KŒRNER, embarrassé.

C'est que...

BÉATRIX.

Ah! je vois ce qui en est! Monsieur est comme tous les hommes de génie, qui ne font leur ouverture qu'après leur opéra. Monsieur n'a pas encore trouvé le titre! Ah! tête de poëte!..

KŒRNER.

C'est vrai! c'est vrai!

BÉATRIX.

Du reste, le titre ne fait rien à l'affaire! Où se passe la scène?

KŒRNER.

Aux îles. Madame a peut-être été aux îles?

BÉATRIX.

Jamais, monsieur.

KŒRNER, avec enthousiasme.

Ah! quel ciel, madame! quelle végétation! Des palmiers qui...

BÉATRIX.

Là! là!... Quelle imagination! si je vous laissais faire, vous seriez capable d'oublier votre drame pour votre description; mais ma curiosité féminine est là. Voyons le sujet, mais ne restez donc pas debout, prenez un siége.

KŒRNER, s'asseyant.

Le sujet! voici : C'est une jeune sauvage... qui est... couchée... dans une caverne... Vous comprenez, n'est-ce pas, madame?

BÉATRIX.

Parfaitement, monsieur.

KŒRNER.

Cette jeune sauvage est grande, brune... des yeux...

BÉATRIX.

Passons le portrait! Je la vois d'ici, et je brûle d'arriver à l'action.

TOUS.

A l'action, à l'action.

KOERNER.

C'est trop juste!

KINGSTON, à part.

Va-t-il bien s'embourber.

KOERNER, avec mille peines.

C'est donc une jeune sauvage... qui est couchée dans une caverne... et cette jeune sauvage... non, pardon... je me trompe... ce n'est pas cela... mais si!... c'est cela!... oui!... oui!... Et... cette jeune sauvage...

BÉATRIX.

Cette jeune sauvage?...

KOERNER.

Dort!...

BÉATRIX, se tournant vers Oldenbourg et Kingston.

Bien! très-bien! De la couleur, de l'intérêt! (Geste d'adhésion d'Oldenbourg et de Kingston.)

KOERNER, à part.

Ah! quelle diable de position!

BÉATRIX.

Continuons!

KOERNER.

Je vous disais donc, madame, que cette jeune sauvage... dormait... quand tout à coup... sort... de l'alcôve...

BÉATRIX.

Pardon, monsieur... mais il me semblait que cette jeune sauvage dormait dans une caverne, et alors... une alcôve...

KOERNER.

C'est juste! c'est juste! madame, vous avez mille fois raison!..

BÉATRIX.

Que vous êtes bon, monsieur, d'accueillir ainsi... mes humbles critiques!... mais je vous jure de ne plus vous interrompre...

KOERNER, vivement.

Mais au contraire, madame, je vous en supplie!...

BÉATRIX.

Non, non... Cela coupe le fil de l'intérêt!... Ainsi, monsieur le comte, et vous, Kingston, soyons muets comme des statues!

KINGSTON.

Comme des statues!

KOERNER, *s'empêtrant de plus en plus.*

Je vous disais donc que cette jeune sauvage dormait dans la caverne, quand tout d'un coup... le jeune officier français... voyant... cette belle sauvage... endormie... l'éveille... vous suivez bien, n'est-ce pas, madame? *(Geste muet de Béatrix, qui commence à rire malgré elle.)* Et alors... le père allait lui parler... oui, c'est cela... allait lui parler... quand tout à coup... le canon... ébranle le palais... et alors... le gouverneur... et des noirs... qui portaient des cocos... entrent... et alors... *(Béatrix, Oldenbourg et Kingston, qui depuis un moment commençaient à rire éclatent malgré eux; Kœrner les regarde quelque temps, puis il se met à rire comme eux et avec eux.)* Ha! ha! ha!... Le fait est qu'on n'a jamais été plus bête! Ha! ha! je devais être à peindre avec ma jeune sauvage... mon gouverneur... et mes cocos... ha! ha!... mes cocos!... Au diable les jongleries!... *(A Béatrix.)* Madame... je m'appelle Rodolphe Kœrner; je suis capitaine... La musique!... je m'y entends *(montrant Kingston)* comme monsieur, qui ne me paraît pas fort! Les vers!... je m'en soucie comme d'un vieux fusil cassé, et quant à un drame, je veux être mort si j'ai jamais pensé à en faire un avant le moment où vous vous êtes si bien moqué de moi! car vous vous êtes joliment moqué de moi. Ah! que vous m'enferriez bien!... Et tout bas je me disais: « Je suis fièrement bête, mais elle a diablement d'esprit! » Ce qui fait que j'étais enchanté, quoique je n'en eusse pas l'air; et cela me confirmait de plus en plus dans mes idées, car vous comprenez bien pourquoi j'ai failli me casser le cou afin de vous voir... Eh bien! oui, c'est vrai... je vous aime! Qu'avez-vous à répondre à cela?

BÉATRIX, *riant.*

Ha! ha! Voilà qui vaut encore mieux que les cocos

KOERNER.

Cela vous fait rire? Allons, c'est bon signe!...

KINGSTON.

Comment!... monsieur, vous osez!...

KOERNER.

Silence, gros homme, je ne vous parle pas!... (A Béatrix.) Ma déclaration est un peu brusque, j'en conviens, mais elle est encore plus sincère. Je vous aime comme un enragé! Ce matin, un petit baron a parlé de vous légèrement, je lui ai coupé la figure d'un coup de sabre; mon cousin le comte Oldenbourg pourra vous le dire : il y a un mois, j'ai fait vingt lieues à franc étrier pour aller vous applaudir un quart d'heure, et je sens que, pour me faire aimer de vous, je serais capable de toutes les bonnes actions du monde... Que diable! un pareil amour ne se trouve pas tous les jours: cela ne vous touche-t-il pas!

BÉATRIX.

J'ai bien peur que non!

KOERNER.

Vrai?

BÉATRIX.

Vrai!

KOERNER.

Vous n'êtes pas sensible à ma passion?

BÉATRIX.

Pas le moins du monde.

KOERNER.

Vous m'ôtez toute espérance?

BÉATRIX.

Mon Dieu! oui!

KINGSTON, à part.

Elle est charmante!

KOERNER.

Eh bien! c'est ce que nous verrons.

BÉATRIX, gaiement.

En vérité? et que verrons-nous, monsieur?

KOERNER.

Je ne puis pas vous contraindre à m'aimer.

BÉATRIX.

Comment! vous voulez bien en convenir?

KOERNER.

Mais vous n'en aimerez pas d'autres.

BÉATRIX.

Et qui m'en empêchera?

KOERNER.

Parbleu! moi!

BÉATRIX.

Et par quel moyen, de grâce?

KOERNER.

Un moyen bien simple! Le premier homme qui vous fait la cour, je le tue!

BÉATRIX.

Très-ingénieux! mais encore faudra-t-il le connaître avant de le tuer?

KOERNER.

Oh! fiez-vous à moi! je saurai bien le découvrir! vous ne ferez pas un pas sans que je vous suive. Je m'installe en face de vos fenêtres; si vous sortez, je sors; si quelqu'un entre, j'entre aussi; j'intercepte tous les billets, j'épie tous les regards...

BÉATRIX.

Oui! une façon de portier ambulant!... Tant de peine mérite récompense, et comme je ne veux pas que vous m'échappiez, vos gages courront d'aujourd'hui même... Kingston, donnez à ce brave homme le denier adieu... et montrez-lui le chemin... celui qu'il ne connaît pas encore, celui de la porte... Au revoir, mon garçon!... (Elle sort, Kingston la reconduit.)

SCÈNE IX.

OLDENBOURG, KOERNER, puis KINGSTON, puis FRÉDÉRIC.

OLDENBOURG, éclatant de rire et tombant sur un siége.

Ha! ha! mon garçon!

KŒRNER.

Mille tonnerres! elle se raille de moi!...

OLDENBOURG.

Je crois qu'oui...

KŒRNER.

Eh bien... je jure..

KINGSTON, redescendant en scène et bas à Kœrner, tandis qu'Oldenbourg qui rit ne les entend pas.

Capitaine!

KŒRNER.

Hein?

KINGSTON.

Votre projet est admirable!

KŒRNER.

Quoi?

KINGSTON.

Et je m'y associe pleinement.

KŒRNER.

Vous?

KINGSTON.

Je me charge de vous louer vos appartements.

KŒRNER.

Je rêve!...

KINGSTON.

Et de plus, comme on dit que vous n'êtes pas très-riche...

KŒRNER.

Hélas!

KINGSTON.

Je vous prie de permettre... (Le prince Frédéric entre.)

FRÉDÉRIC.

Quelle est donc la grande artiste qui vient d'arriver dans notre duché?

OLDENBOURG.

C'est Béatrix, monseigneur.

FRÉDÉRIC, froidement.

Ah!... (Il s'éloigne lentement par la porte latérale.)

OLDENBOURG, à part.

Quelle froideur!... lui! si ami des arts!... si artiste même!... c'est singulier!

KINGSTON, à Kœrner.

Venez. (Le prince s'est éloigné par le fond, Kingston entraîne Kœrner à gauche, Oldenbourg sort en rêvant.)

FIN DU PREMIER ACTE.

ACTE DEUXIÈME

Même décor.

SCÈNE PREMIÈRE.

SMITS, FRÉDÉRIC.

SMITS.

Oui! prince, madame la grande-duchesse votre mère a voulu conduire elle-même Béatrix dans son parc, et la grande artiste est absente depuis deux heures.

FRÉDÉRIC.

C'est bien, je l'attendrai!... (Smits sort. — Frédéric, seul, avec agitation.) Elle!... ici!... près de moi, chez moi!... oh! les voilà donc revenus, ces transports insensés dont j'ai failli mourir à Vienne!... Mais elle! me reconnaîtra-t-elle seulement? Se rappellera-t-elle m'avoir vu?... Que suis-je pour elle?... Un étranger dont elle ne sait pas même le nom! Oh! quelle fatalité l'amène!... car j'en suis sûr, un malheur pèse sur moi!... Je le sens à cette amère mélancolie qui m'inonde le cœur!... (Avec émotion.) Et pourtant, quand tout à l'heure, dans le parc, caché à l'abri d'un massif, j'ai vu ma mère la faire monter dans sa voiture, quand je les ai vues passer toutes deux ensemble devant moi, quand je les ai vues assises toutes deux l'une près de l'autre, se parlant toutes deux, se souriant toutes deux, j'ai éprouvé une émotion inconnue et délicieuse... à apercevoir ces deux chères créatures ainsi unies et comme confondues! il me semblait que Dieu lui-même les rapprochait... (Regardant à droite.) J'aperçois la voiture dans le parc, elles vont venir sans doute, faut-il être faible!... j'ai peur!... je n'ose pas l'attendre... (Il fait quelque pas vers la porte latérale.) Oh! près de ces étranges maîtresses des âmes... il n'y a plus ni prince, ni souverain,... il n'y a que des lâches!

SCÈNE II.

FRÉDÉRIC, KINGSTON, SMITS, entrant par la porte latérale.

KINGSTON, à Smits avec joie.

Est-il possible? cette lettre du roi de Hollande!... (Apercevant Frédéric.) Le prince!... Oh! pardon!... pardon!... prince... mais ma joie... mon trouble!...

FRÉDÉRIC, souriant.

Eh! d'où vient donc cette joie?...

KINGSTON, montrant la lettre.

Le secrétaire des commandements du roi de Hollande... m'écrit que Sa Majesté a daigné conférer à Béatrix... à mon élève... la plus insigne décoration de son royaume, la médaille du mérite...

FRÉDÉRIC.

Ce n'est que juste, et je ne doute pas que ma mère ne suive cet heureux exemple.

KINGSTON.

Quoi! monseigneur...

FRÉDÉRIC.

Nous ne sommes plus aux temps de certains anathèmes! Aujourd'hui toutes les classes sont égales devant l'estime publique... il suffit de la mériter pour l'obtenir, et je vous prie de dire à la grande artiste, que je regrette de n'avoir pas rencontrée, que le prince Frédéric sera charmé de se joindre à cet acte de justice..

KINGSTON, saluant.

Monseigneur, croyez... (Le prince sort.)

SCÈNE III.

KINGSTON, SMITS.

KINGSTON, au comble de la joie.

Deux distinctions pareilles!... à une actrice!... Voilà ce que c'est que d'être une madone!... voilà ce que c'est que la vertu!... elle vaut cent mille francs de plus avec ces deux décorations-là... Ah! si je pouvais en avoir une aussi!... une petite.

SMITS.

Pourquoi pas? Qui a créé Béatrix?... Vous!

KINGSTON, modestement.

C'est vrai!

SMITS.

Qui l'a surnommée la Madone de l'Art ?... Vous!

KINGSTON.

C'est vrai!.. Mais il faudrait un prétexte... une occasion... Oh! quelle idée!... L'illustre Barnum, (Saluant.) mon maître, après les grandes représentations de... sa Béatrix, dans les villes d'Amérique, paraissait parfois avec elle sur la scène... appelé par l'enthousiasme spontané de quelques spectateurs.

SMITS.

Bien entendu.

KINGSTON.

Alors il adressait à l'assemblée quelques paroles... touchantes... bien senties...

SMITS.

J'y suis!... demain, après la représentation d'*Antigone*, quand Béatrix paraît... je m'écrie... nous nous écrions spontanément, M. Kingston... M. Kingston!...

KINGSTON.

Très-bien!.. je ne parais pas...

SMITS.

Je crie... nous crions.... plus fort!...

KINGSTON.

Je résiste dans la coulisse...

SMITS.

Nous nous fâchons! M. Kingston! M. Kingston!

KINGSTON.

Supprime le monsieur!...

SMITS.

Mais...

KINGSTON.

Je t'y autorise... Supprime le monsieur, dit Kingston tout court, c'est plus chaud!... Je m'avance alors...

SMITS.

Entrainé de force par tous les acteurs...

KINGSTON.

Je m'avance... modeste...

SMITS.

Je vous vois d'ici!

KINGSTON.

Un peu pâle...

SMITS.

Je m'en rapporte à vous.

KINGSTON.

Et je dis après un moment de silence... Messieurs...

SMITS.

Bravo!...

KINGSTON.

Attends donc... je n'ai encore rien dit.

SMITS.

Rien dit!... Et cette grâce... cette démarche...

KINGSTON.

Assez! assez! flatteur!... Messieurs... Mesdames...

SMITS.

Quel... mesdames!...

KINGSTON.

Pardonnez si en m'avançant sur ce sol jonché de couronnes...

SMITS.

Faudra-t-il vous en jeter?...

KINGSTON.

Bien entendu... (Reprenant.) Ce sol jonché de couronnes, je ne puis dominer mon émotion. Pareil à la jeune fleur qu'a ployée l'orage...

SCÈNE IV.

LES MÊMES, OLDENBOURG.

OLDENBOURG, *dans le fond.*

Oui, messieurs, la grande-duchesse sera ici dans quelques instants...

KINGSTON.

Le comte! *(A Smits, se frappant le front.)* Un moyen encore meilleur... Attends un peu!... Si je... Mets-toi là... et écris...

SMITS, *s'asseyant.*

A qui?...

KINGSTON.

Au secrétaire des commandements du roi de Hollande.

SMITS.

Quoi?...

KINGSTON.

Écris! *(Oldenbourg est entré.)* Monsieur le secrétaire des commandements, je ressens bien vivement l'honneur que Sa Majesté veut me faire... en me conférant...

SMITS.

En vous conférant...

KINGSTON, *bas.*

Va donc!... *(Haut.)* En me conférant aussi la décoration de seconde classe de l'ordre...

OLDENBOURG.

Une décoration...

KINGSTON.

Oh! pardon, monsieur le comte, je ne vous voyais pas!...

OLDENBOURG.

Une décoration... à vous?... un Américain... Mais je croyais que personne n'en avait en Amérique?

KINGSTON.

Raison de plus pour désirer en avoir, monsieur le comte.

OLDENBOURG.

Mais l'amour de l'égalité?

KINGSTON.

Pourquoi aime-t-on l'égalité, monsieur le comte? Pour pouvoir s'élever au-dessus des autres.

OLDENBOURG.

Mais vous ne vous rappelez donc pas le vers célèbre d'un Français, de Voltaire :

« L'Américain farouche est un monstre sauvage,
« Qui mord en frémissant le frein de l'esclavage? »

KINGSTON.

Oui... Qui mord le frein de l'esclavage, et qui le met aux autres... On n'a pas de croix, mais on a des nègres... J'aime mieux être démocrate à l'européenne... quoi qu'on en dise... et une décoration, toute simple... un petit ruban...

OLDENBOURG *souriant.*

Ah! oui, je comprends!... Une faveur...

KINGSTON.

Mon Dieu!... Ce n'est pas pour moi...

OLDENBOURG.

C'est pour Béatrix...

KINGSTON.

Oui... Pour pouvoir la défendre avec plus d'autorité...

OLDENBOURG.

Nous y penserons! Nous y penserons!...

KINGSTON *à part.*

Je l'aurai!

SCÈNE V.

LES MÊMES, BÉATRIX, LA GRANDE-DUCHESSE.

LA GRANDE-DUCHESSE.

Ainsi, vous me disiez... Ah! c'est vous, monsieur le comte!... Veuillez dire à mon fils qu'il vienne me trouver ici... (*Oldenbourg sort.*) Monsieur Kingston, nous vous rappellerons tout à l'heure... (*Kingston, Oldenbourg et Smits sortent; la grande-duchesse descend la scène avec Béatrix.*

SCÈNE VI.

LA GRANDE-DUCHESSE, BÉATRIX.

LA GRANDE-DUCHESSE.

Nous parlions des hommages enthousiastes qui vous ont suivie partout. Eh bien! dites-moi, où avez-vous été le plus émue?... Est-ce à Liverpool, lorsque la population entière se portant au-devant de vous...

BÉATRIX.

Non, madame, ce n'est pas à Liverpool.

LA GRANDE-DUCHESSE.

Est-ce en Prusse, lorsque le roi vous composant un parterre de rois?...

BÉATRIX.

Non, madame, ce n'est pas en Prusse.

LA GRANDE-DUCHESSE.

Et où donc?

BÉATRIX, d'une voix émue.

Le jour où j'ai été le plus heureuse, le plus fière de ce qu'on appelle mon talent, c'est celui où une grande-duchesse, honorée pour sa vertu entre les souveraines, une mère révérée entre toutes les mères, m'a fait asseoir auprès d'elle dans sa voiture, aux yeux de tous, moi, simple artiste. (Geste de la grande-duchesse.) Oh! ce jour-là, madame, mon cœur a tressailli, non pas de vanité, mais d'un sentiment plus profond, et qui m'a élevée à mes propres yeux. Je me suis dit: Les autres prétendent qu'ils m'admirent, qu'ils m'adorent... elle... elle m'estime! Et une pareille estime, madame la grande-duchesse, cela émeut, cela soutient, cela engage.

LA GRANDE-DUCHESSE, souriant.

Vrai!... vous avez senti aussi profondément cette marque de sympathie? Elle est toute naturelle, vous avez réalisé mon rêve, l'alliance du génie et de la pureté.

BÉATRIX.

Madame...

LA GRANDE-DUCHESSE.

Non, c'est un service personnel que vous m'avez rendu là. J'avais beau me révolter, dans mon amour-propre de femme, d'entendre toujours dire que le talent était incompatible avec une vie pure, on m'accablait sous des exemples si fameux que j'étais réduite au silence; mais vous êtes venue à mon aide, vous avez montré qu'on pouvait être une grande artiste et une honnête femme... merci pour notre sexe, et merci pour moi.

BÉATRIX.

Oh! madame... que de gâteries!... Et on reproche aux pauvres artistes leur vanité! Mais comment voulez-vous que la tête ne leur tourne pas quand les princesses elles-mêmes les flattent?

LA GRANDE-DUCHESSE.

Je vous flatte, parce que j'ai besoin de vous!

BÉATRIX.

Besoin de moi?

LA GRANDE-DUCHESSE.

Eh! sans doute!... Ne savez-vous pas mon projet de réforme? Ne savez-vous pas que je veux faire un royaume où le culte du beau soit une loi de l'État, où il n'y ait rien de laid... que les hommes, parce qu'ils ne peuvent pas s'en empêcher...

BÉATRIX, *gaiement.*

Mais comment pourrai-je vous aider en cela, altesse?

LA GRANDE-DUCHESSE, *s'asseyant avec elle à droite.*

Vous le saurez plus tard... Mais dites-moi... est-il vrai qu'avant d'être Béatrix, vous ayez été une pauvre gouvernante?

BÉATRIX.

Oui. Oh! j'ai connu la vie dure!... mais je ne le regrette pas!

LA GRANDE-DUCHESSE.

Pourquoi? Parce que vous croyez que c'est ce souvenir qui vous a rendue humaine, qui vous a fait fonder dans plusieurs villes tant d'établissements utiles?

BÉATRIX, *gaiement.*

Oh! cela, ce n'est que juste! On nous paye si cher! Il faut

bien expier notre fortune. Autrefois, quand les artistes étaient pauvres, ils peuplaient les hôpitaux. Aujourd'hui qu'ils sont riches, il est bien naturel qu'ils en fondent !

LA GRANDE-DUCHESSE.

Mais quel miracle vous a tirée de votre obscurité? Qu'est-ce qui vous a révélé votre talent et vous a fait monter sur la scène?

BÉATRIX.

Un hasard !... J'étais enfant, on m'emmena un jour à une représentation d'une tragédie antique, de l'*Antigone*, de Sophocle. Ce que j'éprouvai fut étrange. D'ordinaire, quand les enfants dont l'imagination est vive se trouvent en face de pareils spectacles, leur émotion se répand avec violence au dehors; ils pleurent, ils tremblent, ils semblent hors d'eux-mêmes; moi, je ne pleurai pas, je ne m'écriai pas... Ce n'est pas que mon émotion ne fût profonde, mais elle était double; déjà actrice en dedans, je devinais confusément qu'il y avait dans ce que je voyais autre chose que la vérité... autre chose même que les sentiments exprimés... et cette autre chose, qui était l'art, m'agitait, m'inquiétait, et je demeurai, pendant tout le cours de la représentation, immobile, concentrée en moi-même... cherchant !

LA GRANDE-DUCHESSE.

C'est curieux !...

BÉATRIX.

Après le spectacle, nos amis voulurent me faire parler de la pièce, mais il fut impossible de tirer de moi un seul mot; je cherchais toujours; si bien que j'entends encore quelqu'un qui était assez bourru me dire : « Va te coucher, petite buse... » et j'y courus bien vite, enchantée de me trouver seule.

LA GRANDE-DUCHESSE.

Pourquoi ?

BÉATRIX.

Au lieu de dormir, je ne m'occupai qu'à retrouver, à dire, à faire tout ce que j'avais vu; j'imitais ou je cherchais à imiter la voix menaçante de Créon, la voix juvénile et pathétique de Hémon, les gestes et les accents suppliants d'Antigone, et à peine nos amis réveillés, je courus à eux et je leur récitai, à leur grand effroi, des fragments entiers que je savais, que j'avais retenus, que j'avais reconstruits par la méditation solitaire de la nuit... Le reste, vous le devinez : des parents qui s'émerveillent, des amis qui veulent applaudir à ce qu'on appelle un prodige... puis quelques années plus tard, un homme influent qui passe, un directeur intelligent qu'on avertit... et alors... l'éclat... l'art, la fortune... voilà mon histoire. (Se levant.)

LA GRANDE-DUCHESSE.

Quoi ? voilà votre histoire ?...

BÉATRIX, descendant.

Mais oui...

LA GRANDE-DUCHESSE.

Toute ?...

BÉATRIX.

Oui... toute !...

LA GRANDE-DUCHESSE.

Voyons... pardonnez-moi !... Il est des questions qu'on ne hasarderait pas avec d'autres femmes, de peur des réponses... Avec vous, rien de pareil à craindre. Eh! bien, dites-moi comment vous avez pu traverser tant d'enthousiasmes passionnés, tant d'admirations sincères, j'en suis sûre, sans être émue vous-même ? Qu'est-ce qui vous a défendue ?...

BÉATRIX.

Mon rêve !...

LA GRANDE-DUCHESSE.

Comment, votre rêve ?...

BÉATRIX.

Oui : parfois on n'aime pas, parce qu'on est trop capable d'aimer ! On porte en soi un si divin idéal de l'amour, que l'on reste indifférente pour la réalité... car enfin on ne peut pas aimer à soi seule... il faut trouver qui réponde à votre passion, et quand on ne le trouve pas... voilà comment ce que l'on rêve protége contre ce que l'on voit !

LA GRANDE-DUCHESSE.

Comment, vous qui n'aimez pas, pouvez-vous rendre si bien

les scènes d'amour?... Vous vous taisez... Ma curiosité vous offenserait-elle?

BÉATRIX.

Ah! altesse!

LA GRANDE-DUCHESSE.

Alors, répondez, je vous en prie, car jamais mystère de cœur ne m'a plus intriguée.

BÉATRIX, avec un peu d'embarras.

En pareille matière, on a peut-être le droit de mentir un peu, et j'ai bien peur d'en avoir usé; mais ne pas tout dire à votre altesse me semble presque une faute... (Hésitant.) Si donc, comme vous le dites, j'exprime avec vérité, depuis quelque temps surtout, les scènes d'amour, il y a pour cela une raison trop naturelle.

LA GRANDE-DUCHESSE.

Votre rêve s'est réalisé?...

BÉATRIX.

Presque.

LA GRANDE-DUCHESSE.

Ah! ma pauvre théorie!

BÉATRIX.

Ne la condamnez pas encore. Je n'ai vu qu'une fois celui que je crois aimer.

LA GRANDE-DUCHESSE.

Vraiment!

BÉATRIX.

Je ne le reverrai jamais...

LA GRANDE-DUCHESSE.

Comment donc l'avez-vous vu? Quand l'avez-vous vu? Où l'avez-vous vu?

BÉATRIX, riant.

Mais... c'est encore un récit que me demande votre altesse et je lui en ai déjà fait trois...

LA GRANDE-DUCHESSE.

Non, vous ne m'en avez fait qu'un... toujours le même... l'histoire de votre âme... et, je vous le dis sincèrement, aucun n'excite plus ma sympathie. (Elle va s'asseoir à gauche avec Béatrix.)

BÉATRIX.

Alors, puisque votre altesse s'y résigne... Un jour donc, je me trouvais à Vienne, j'avais entendu parler d'une maison d'ouvriers aveugles... une pensée me vint tout à coup à l'esprit. Ces pauvres gens, me dis-je, ne vivent plus que dans le monde des sons; la musique doit être pour eux le plus grand des plaisirs; si j'allais leur chanter quelque beau psaume!

LA GRANDE-DUCHESSE.

Quand je vous dis que vous êtes mon alliée naturelle!

BÉATRIX.

J'écris au chef de la maison, ne mettant à ma venue qu'une condition, c'est que personne du dehors n'en serait instruit, et qu'il n'y aurait pour assistants que les aveugles eux-mêmes. Il accepte, je pars, et je trouve rangés dans un grand amphithéâtre tous ces jeunes gens, debout, tête nue. Que se passe-t-il en moi? Était-ce la conscience que je faisais vraiment un acte de sympathie et sans aucun mélange de vanité? Était-ce le plaisir de ne rien gagner ce jour-là?

LA GRANDE-DUCHESSE.

Voilà un plaisir que bien peu de personnes goûteraient.

BÉATRIX.

Était-ce la joie reconnaissante de tous ces pauvres gens? Je ne sais, mais je n'ai jamais chanté comme pour eux! Et puis je trouvais là un plaisir inconnu... j'éprouve toujours, quand je parais devant le public, une certaine gêne à penser que je suis l'objet de tous ces regards, et je ne peux arrêter mes yeux sur personne! Mais là, j'osais les regarder... Ils ne me voyaient pas! Et tout entière à cette joie de cœur, je suivais avec délices sur tous ces visages, dont quelques-uns étaient couverts de larmes, l'expression du plaisir, de l'admiration, lorsque, dans un coin de la salle, j'aperçois deux yeux qui voyaient!

LA GRANDE-DUCHESSE.

Qu'est-ce qui vous les fit reconnaître?

BÉATRIX.

Le regard! Ah! madame, que le regard est une admirable chose! Ma figure en apercevant ce jeune homme avait exprimé d'abord la surprise et l'irritation. Mais quand ce regard, ce regard humain que je n'avais pas vu depuis une heure, se leva sur moi; quand je retrouvai cette lumière, plus douce encore que celle du jour... car elle est à la fois de la lumière et de l'âme! quand je vis dans ces yeux cette expression de tendresse, de supplication, de crainte, qui semblait me dire : « Ne me renvoyez pas, je suis si heureux! » je me sentis en un moment désarmée et vaincue; j'étais au milieu d'un morceau, je ne pus me défendre de lui en adresser la fin; il me semblait que lui seul m'entendait, me comprenait!... Ses yeux... oh! que c'est beau, les yeux! ses yeux me répétaient que ce n'était pas mon chant qu'il admirait, mais qu'il était content de ce que j'avais fait! Et lorsque, après le concert, il s'approcha de moi, et qu'avec une voix... bien plus douce que la mienne, grand Dieu!... il me dit tout bas : « Vous êtes bonne comme les anges! » mon émotion fut si forte, que je ne pus ni lui répondre, ni le regarder!...

LA GRANDE-DUCHESSE.

Et vous ne l'avez pas revu?

BÉATRIX.

Non.

LA GRANDE-DUCHESSE.

Et vous ne désirez pas le revoir?

BÉATRIX.

Non. Oh! je suis un peu bizarre, un peu mystique, comme on dit; ou plutôt, non, je suis peureuse! Si une simple rencontre a produit en moi une telle impression, que serait-ce donc, si... oh!... je demande ardemment au ciel de ne jamais le revoir.

LA GRANDE-DUCHESSE.

Tout ce que vous dites me plait, me touche, et je suis sûre que quelqu'un de ma connaissance, quelqu'un que je veux vous présenter... Mais j'y pense, vous avez dû le voir à Vienne?

BÉATRIX.

Qui donc, altesse?

LA GRANDE-DUCHESSE.

Mon fils!

BÉATRIX.

Le prince Frédéric était en effet à Vienne lorsque j'y étais moi-même, mais je n'ai jamais eu l'honneur de le rencontrer; il vivait, dit-on, fort retiré.

LA GRANDE-DUCHESSE.

Oui, je le sais... mais, tenez, je l'aperçois; il vient de ce côté, vous me direz si ce n'est pas là le regard d'un vrai prince, d'un grand homme, peut-être. Ah! s'il était souverain de ce duché, les belles choses que nous ferions ensemble!

SCÈNE VII.

LES MÊMES, FRÉDÉRIC, SUITE.

BÉATRIX, à part, apercevant Frédéric.

Lui!...

LA GRANDE-DUCHESSE.

Approchez, Frédéric, et venez saluer une reine à qui vous ne reprocherez pas la petitesse de ses États, car elle règne sur les deux mondes. Et maintenant que nous voilà en forces, nous allons tous nous réunir pour demander ici à Madame deux mois de séjour parmi nous.

BÉATRIX, troublée.

Deux mois! madame!

OLDENBOURG.

Nous vous supplions, madame!

BÉATRIX.

C'est impossible!...

LA GRANDE-DUCHESSE.

Ne me refusez pas, ou je vous y contrains.

BÉATRIX, essayant de sourire.

M'y contraindre! Et de quelle manière?...

LA GRANDE-DUCHESSE.

En vous le demandant au nom des aveugles de ce duché.

FRÉDÉRIC.

Des aveugles?...

BÉATRIX, bas à la grande-duchesse.

Madame! madame! au nom du ciel!

LA GRANDE-DUCHESSE, souriant.

Pourquoi vous en défendre? Toutes les belles âmes ont une tendre pitié pour quelque infortune particulière; vous, vous aimez les aveugles... sans savoir pourquoi; il n'y a pas de mal à cela.

FRÉDÉRIC.

Mais ma mère, qui vous a dit?...

LA GRANDE-DUCHESSE.

Qui m'a dit?... qui m'a dit?... Tu n'as pas besoin de le savoir; seulement, si tu veux obtenir de Madame qu'elle demeure deux mois près de nous, et que même elle nous récite des vers ce soir, approche-toi d'elle, et avec ta voix la plus douce, ton regard le plus pénétré, dis-lui : « Consentez, madame, vous qui êtes bonne comme les anges. » (Geste de Béatrix). — Bas et souriant : N'ayez donc pas peur, que voulez-vous qu'on devine?

OLDENBOURG.

Mais comment?

LA GRANDE-DUCHESSE.

Vous allez voir... (En remontant à Oldenbourg et à la marquise) : Je vous dis qu'elle consentira!... (Se retournant vers Frédéric) : Allons, approche-toi, essaye!

FRÉDÉRIC, s'approchant de Béatrix, et d'une voix tremblante.

Est-il vrai, madame, que ces simples paroles prononcées par ma bouche auraient un tel empire? Et que si je vous disais : Consentez! consentez! vous qui êtes bonne comme les anges...

LA GRANDE-DUCHESSE, qui causait avec une personne de la cour, se retournant vers Frédéric.

Très-bien dit!...

BÉATRIX, très-troublée.

Assez! assez! monseigneur! Et puisque madame la grande-duchesse veut bien le désirer, je consens!

OLDENBOURG.

C'est merveilleux!...

LA GRANDE-DUCHESSE.

Quand je vous le disais. Ce que c'est que les mots cabalistiques! Sésame ouvre-toi! Il Bondo Cani! Ces phrases-là sont immanquables... Mais nous n'avons pas de temps à perdre. Monsieur le comte, faites tout préparer dans le jardin d'hiver. Frédéric, je t'emmène. (Oldenbourg sort).

FRÉDÉRIC.

Je vous suis, ma mère!

LA GRANDE-DUCHESSE, s'adressant aux personnes de la cour.

Vous aussi, mesdames, j'ai besoin des conseils de tout le monde. (La suite sort.) et nous allons envoyer M. Kingston à Madame, pour préparer le programme. (Elle sort avec Frédéric et la cour).

SCÈNE VIII.

BÉATRIX, seule, assise.

Lui!... lui!... (Elle tombe sur un siége). Quoi!... Cet amour que je caressais comme une chimère, comme un rêve... le voilà devenu une réalité!... Celui que je croyais ne jamais revoir, il est là... près de moi... et il est jeune... et il est noble... et il est prince!... Et il m'aime! Oh! je l'ai bien vu!... sa pâleur... ses paroles entrecoupées... ses regards couverts d'un voile... J'ai tout compris!... Mais toi... malheureuse! que vas-tu devenir?... Que peut être cette passion... sinon coupable?... Que peut être cet amour, sinon funeste? Et cette princesse, qui t'a traitée avec tant de respect! Cette mère, qui t'a rapprochée de son fils avec tant de confiance!... Oh! tu n'as qu'un parti à prendre!... Arrache ce fol amour de ton cœur! Cache-le!... Étouffe-le! Je ne peux pas!..... Eh bien!... pourquoi y résister?..... Il ne m'apportera que des douleurs... Je le sens! mais je sais bien aussi que nul ne le connaîtra que moi... que rien ne me fera oublier ce que je suis, ce que je veux être... Qu'importe alors... la souffrance? l'épreuve?... Ah!... cette souffrance même est un charme de plus qui m'enivre, qui m'attire comme l'abîme... Amer bonheur!... je m'abandonne à toi!...

KINGSTON.

Madame, j'accours!...

SCÈNE IX.

BÉATRIX, KINGSTON.

BÉATRIX, avec agitation, et joie.

Ah! c'est vous, Kingston?... Vous venez... pour le programme de ce soir?... Il faut qu'il soit admirable!... Je ne sais ce que j'éprouve... C'est peut-être cet air si pur... ces jardins si riants... Aviez-vous vu d'aussi beaux jardins? Mais jamais, non, jamais je ne me suis sentie inspirée comme en ce moment!...

KINGSTON, à part.

Oh! mon Dieu! Qu'a-t-elle donc?... Est-ce que cela commence?...

BÉATRIX, avec une exaltation croissante.

Oh! vous ne me connaissez pas! Je ne me connaissais pas moi-même. Comment le public pouvait-il parler de mon génie? Mais qu'est-ce que j'étais jusqu'à présent? Un écho qui répète ce qu'il ne comprend pas, un instrument qui émeut sans être ému lui-même!... (Avec enthousiasme). Mais il y a des jours, des moments dans la vie des artistes où tout à coup la lumière se fait en eux, comme elle a jailli sur le monde à la voix de Dieu! Alors ils deviennent, en une seconde, inspirés, créateurs, sublimes peut-être. Eh bien! ce moment, Kingston, il est venu pour moi! Je puis maintenant interpréter Schiller et Shakspeare, maintenant je suis une grande artiste... je m'éveille!

KINGSTON, à part.

C'est évident! c'est cela!... c'est l'amour!...

BÉATRIX.

Eh bien! qu'avez-vous donc, mon cher Kingston? Voyons, composez le programme de ce soir.

KINGSTON, troublé.

De ce soir... de ce soir? C'est que je pensais à une autre représentation.

BÉATRIX.

A une autre?

KINGSTON, de même.

Celle d'après-demain, qui... qui... aura un but bien plus important.

BÉATRIX.

Lequel donc?

KINGSTON.

De célébrer les fiançailles du prince Frédéric avec la princesse Marguerite.

BÉATRIX.

Ah! (Elle s'évanouit.)

KINGSTON, la relevant et lui faisant respirer des sels.

Ah! bon Dieu! Voilà bien autre chose!... évanouie!... Est-ce que ce serait le prince qu'elle aimerait?

FIN DU DEUXIÈME ACTE.

ACTE TROISIÈME

Le théâtre représente un grand jardin d'hiver servant de salon, à gauche, une petite serre à orchidées ; à droite, le cabinet de travail du prince Frédéric, qui est caché par des arbustes et séparé de la serre par un vitrage.

SCÈNE PREMIÈRE.

FRÉDÉRIC, OLDENBOURG; HOMMES DE SERVICE au fond.

FRÉDÉRIC, à Oldenbourg qui est au fond avec les hommes de service.

Achevez vos préparatifs, mon cher comte. (Descendant en scène.) Je n'en puis douter!... elle a pâli en me voyant!... Oui!... mais son émotion n'était peut-être que de la surprise!... Et pourtant ce trouble... ce trouble... ce regard... Oh! je lui arracherai son secret...

OLDENBOURG, descendant en scène, à un homme de service, en lui montrant la petite serre.

Ainsi, voilà qui est convenu! Là les instruments de musique, et les accessoires...

FRÉDÉRIC, à Oldenbourg.

C'est donc ici, mon cher comte, dans ce jardin d'hiver, que ce soir l'illustre Béatrix nous récitera des vers, en petit comité.

OLDENBOURG.

Oui... monseigneur... et aucune salle ne se prête mieux à cette fête... A droite, j'ai cette petite serre d'orchidées...

FRÉDÉRIC.

Mais elle n'a pas d'issue au dehors...

OLDENBOURG.

Je n'en ai pas besoin... j'y place seulement des instruments de musique; Béatrix aime à faire accompagner quelquefois les vers par une mélodie douce et lointaine...

FRÉDÉRIC.

La pensée de Mozart...

OLDENBOURG.

A gauche.

FRÉDÉRIC.

Vous avez mon cabinet de travail.

OLDENBOURG.

C'est ce qui nous sauve!... car ce cabinet, caché comme il l'est... derrière ces arbustes, me fournira la plus heureuse place pour les entrées... et quand Béatrix va venir...

FRÉDÉRIC, vivement.

Elle va venir?... ici?...

OLDENBOURG.

Dans quelques instants.

FRÉDÉRIC, reprenant son calme.

Ah! eh bien!... je vais tout faire préparer dans mon cabinet pour qu'il soit libre, et vous achèverez vos dispositions. (Il sort par la gauche.)

OLDENBOURG, seul.

Quelle émotion!... Est-ce que par hasard? ce serait bien grave!... (Il remonte le théâtre.)

SCÈNE II.

OLDENBOURG, au fond, donnant ses ordres; puis KINGSTON.

OLDENBOURG, à la porte de la serre.

Les instruments... ici...

KINGSTON, entrant fort agité.

Je m'y perds! je m'y perds!...

OLDENBOURG, donnant ses ordres toujours à la porte de la serre.

Vous m'entendez bien!... comme cette serre n'a pas d'issue au dehors, il faut que tout soit préparé d'avance... Allez! (Il descend en scène, et peu après les hommes de service sortent de la serre. — Apercevant Kingston tout soucieux et lui frappant sur l'épaule.) Hé! M. Kingston?...

KINGSTON.

Monsieur le comte!

OLDENBOURG.

Quel air soucieux!... De quoi avez-vous encore peur?

KINGSTON.

Toujours de la même chose... de tout!... Si vous saviez, monsieur le comte, ce que j'ai cru un moment!...

OLDENBOURG, riant.

Et quoi donc?...

KINGSTON.

Que Béatrix aimait le prince!

OLDENBOURG, vivement.

Quoi?... que dites-vous? qui vous faisait croire?

KINGSTON.

Un trouble extraordinaire, un évanouissement singulier!...

OLDENBOURG, vivement.

Et qui vous a détrompé?

KINGSTON.

Elle-même! notre entretien quand elle est revenue à elle... Elle ne connaissait pas le prince avant de l'avoir vu hier...

OLDENBOURG, vivement.

Elle ne le connaissait pas? Ainsi, vous voilà tranquille...

KINGSTON.

Par rapport au prince!... oui!... Mais il y en a un autre que je crains bien plus?

OLDENBOURG.

Et qui donc?

KINGSTON.

Vous, monsieur le comte!

OLDENBOURG.

Moi?... (A part.) Tant mieux!

KINGSTON.

D'abord Béatrix m'a parlé de vous avec beaucoup de sympathie...

OLDENBOURG.

En vérité ?...

KINGSTON.

Et puis, ce que l'on m'a rapporté de vos conquêtes, de vos succès... surtout parmi les *prime donne*...

OLDENBOURG.

Ah! on vous a dit cela ?

KINGSTON.

Il paraît qu'il ne vous en échappe pas une... On m'a raconté entre autres une aventure où vous avez supplanté le prince de Prusse auprès de la Fiorilla... et d'une manière !

OLDENBOURG.

Oh! celle-là est assez piquante, en effet... (A part.) Détournons ses soupçons sur moi. (Haut.) J'étais en Prusse à titre d'envoyé extraordinaire, le prince royal était plein de bonté pour moi, nous faisions ensemble des armes, de la musique... nous étions presque compagnons... Un jour, Son Altesse reçoit une lettre de la Fiorilla, pour laquelle il avait aussi quelques bontés... son père surprend le billet. Le prince, qui craignait la sévérité paternelle, assure que cette lettre est pour moi... et me voilà responsable de sa bonne fortune, me voilà obligé, dans l'intérêt de la grande morale, la morale... royale, de causer souvent avec la Fiorilla, de me montrer partout avec la Fiorilla, de donner à souper à la Fiorilla... Qu'arriva-t-il?... Vous le devinez!... L'occasion était si périlleuse, et la Fiorilla si jolie!... Je ne parlais qu'au nom du prince, mais c'était ma voix qui parlait; je n'offrais jamais rien, qu'au nom du prince; mais c'était ma main qui offrait. Au lieu de dire *Il*, je me trompais quelquefois de pronom, je disais *Je*... Que voulez-vous, c'est si difficile, les déclinaisons! Et ma foi! la Fiorilla et moi nous déclinâmes si mal que... que le très-gracieux prince fit partir du royaume son représentant, sous prétexte qu'il l'avait trop bien représenté : voilà mon histoire!...

KINGSTON.

Charmante!... délicieuse!... Si charmante même qu'elle doit dégoûter monsieur le comte de toute autre aventure avec une femme de théâtre.

OLDENBOURG, riant.

Ah! vous trouvez cela?

KINGSTON.

Sans doute! Tout vous paraîtrait fade maintenant!

OLDENBOURG.

Eh! eh! cela dépend!...

KINGSTON.

Comment?

OLDENBOURG.

Il y a telle conquête qui serait plus glorieuse encore!

KINGSTON, tremblant.

C'est impossible!... songez donc! La Fiorilla... si jolie!...

OLDENBOURG, avec indifférence.

Eh bien! oui, oui... Elle n'était pas mal... mais enfin, elle avait déjà aimé... tandis qu'un cœur pur, virginal, austère...

KINGSTON, avec un attendrissement comique.

Ah! monsieur le comte!... Je vous en supplie, ne devenez pas amoureux de Béatrix!...

OLDENBOURG.

Ah! mon cher monsieur Kingston, c'est bien difficile!... Elle est si belle!...

KINGSTON.

Belle!... belle!... il faut s'entendre... moi je ne trouve pas que...

OLDENBOURG.

Oh! bien, moi je trouve! des yeux!... Son premier regard m'a produit une commotion électrique.

KINGSTON.

Est-il possible?

OLDENBOURG.

Et comme vous me le disiez tout à l'heure... il me semble qu'elle aussi...

KINGSTON.

Que dites-vous?

OLDENBOURG.

Oui! j'ai senti entre elle et moi... ces effluves magnétiques... ces mystérieux pressentiments de l'amour...

KINGSTON.

Ah! monsieur le comte... Grâce pour mon million!... Vous ne voudriez pas ruiner un pauvre marchand...

OLDENBOURG.

Pourquoi prenez-vous des marchandises pareilles?... D'ailleurs, puisque vous êtes si habile, défendez-vous!

KINGSTON.

Me défendre! me défendre!... Me le permettez-vous, monsieur le comte?

OLDENBOURG.

Je le crois bien!... sans cela... où serait l'honneur?

KINGSTON.

Me permettez-vous d'oublier votre titre... votre rang?

OLDENBOURG.

Je vous permets tout!... Seulement, hâtez-vous, car Béatrix va venir...

KINGSTON, regardant à droite.

Serait-il vrai?

OLDENBOURG, à part.

Servir la grande-duchesse en m'amusant, c'est tout profit!

KINGSTON, redescendant.

En effet... elle se dirige de ce côté!...

OLDENBOURG.

C'est tout simple!... Elle sent que je suis ici!... Le fluide!...

KINGSTON, revenant.

Monsieur le comte!...

OLDENBOURG.

Et si une fois je lui parle... vous êtes perdu!...

KINGSTON.

Monsieur le comte!

OLDENBOURG, riant et entrant dans la petite serre.

Allons!... vous avez encore une minute à vous!... Je vais cueillir pour elle dans cette petite serre une orchidée dont le parfum est enivrant comme un philtre...

KINGSTON.

Un philtre!...

OLDENBOURG.

Empêchez notre entrevue! ou sinon... (Il entre dans la petite serre.)

KINGSTON.

Que faire ?

OLDENBOURG, du dedans.

Monsieur Kingston! Je vous donne cent florins si vous trouvez!...

KINGSTON, regardant au dehors.

Elle vient... et si en effet... elle lui parle... Les femmes sont si bizarres! Mais comment troubler leur entretien?... Oh! quelle idée!... cette serre n'a pas d'issue... Il me permet tout...

OLDENBOURG, du dedans.

Eh bien, monsieur Kingston?... Cent florins si vous...

KINGSTON.

Je cherche... Monsieur le comte!... J'ai vu dans une pièce française un grand seigneur qui enfermait un marchand... un marchand peut bien enfermer un grand seigneur. (Il ferme la porte. — Oldenbourg arrive à la porte et veut ouvrir. — A part.) Va! va! tourmente le pêne...

OLDENBOURG, du dedans.

Monsieur Kingston!...

KINGSTON.

Monsieur le comte!..

OLDENBOURG.

Ouvrez-moi donc... la porte s'est fermée!

KINGSTON.

Oh! monsieur le comte, vous calomniez la porte!

OLDENBOURG.

Comment?... ce serait vous?

KINGSTON.

C'est moi qui viens de la fermer à double tour.

OLDENBOURG.

Comment, vous auriez osé?

KINGSTON.

Vous m'avez dit de chercher, monsieur le comte, j'ai trouvé

OLDENBOURG.

Kingston! je vous ordonne...

KINGSTON.

De vous rappeler les cent florins, monsieur le comte, je ne l'oublierai pas!

OLDENBOURG.

Kingston! encore une fois!...

KINGSTON.

Vous m'ordonnez de partir, monsieur le comte... je pars... Bonne chance, monsieur le comte, soyez irrésistible!... Monsieur le comte! Béatrix!... (Voyant Béatrix qui s'approche.) Si maintenant on lui parle d'amour!...ce n'est pas maladroit ce j'ai que fait là!... (Il sort par la porte du fond et va se cacher derrière un massif pendant que Béatrix entre, la tête basse, plongée dans ses réflexions.)

SCÈNE III.

BÉATRIX seule, puis FRÉDÉRIC.

BÉATRIX.

Mon parti est pris! La main sur ma blessure je sourirai! Aimer un homme fiancé à une autre femme, ce serait presque un adultère! Quand je le reverrai, mon visage sera muet!

FRÉDÉRIC, entrant par la porte de son cabinet. — Avec joie.

Enfin!

BÉATRIX, se retournant au bruit.

Lui!... Je ne croyais pas le revoir sitôt!

FRÉDÉRIC.

Oh! il me semble que je vais mourir de joie!... (Il court vers elle avec passion.) Béatrix!...

BÉATRIX, se retournant avec un calme indifférent.

Vous, monseigneur?

FRÉDÉRIC, à part.

Quel front de glace!

BÉATRIX, souriant. — Sans embarras.

Voilà une heureuse fortune pour moi, je cherchais votre altesse!

FRÉDÉRIC, *interdit.*

Vous me cherchiez?

BÉATRIX, *avec beaucoup d'aisance.*

Sans doute!... Pour vous faire toutes mes excuses sur ma gaucherie de tout à l'heure.

FRÉDÉRIC, *balbutiant.*

Votre gaucherie?... Comment, ce trouble...

BÉATRIX, *riant.*

J'avais l'air troublé?... Cela ne m'étonne pas!... d'abord si habituée que je sois sur la scène aux reconnaissances, aux jeunes gens déguisés qu'on retrouve princes, quand on s'y attend le moins... ma surprise a été bien grande...

FRÉDÉRIC, *interdit.*

Oui... j'avais cru remarquer...

BÉATRIX.

Que j'étais émue! Je le crois bien! Oh! je ne savais que devenir?... J'ignorais si votre altesse voulait que je la reconnusse!... Et puis le souvenir de cette matinée si touchante... car ces pauvres aveugles étaient bien touchants, n'est-ce pas, monseigneur?

FRÉDÉRIC, *balbutiant.*

Oui! en effet! (*Avec force, à part.*) Non! ce n'est pas possible! Oh! à tout prix... il faut connaître mon sort!... Ce qui se cache dans son cœur... je le saurai!...

BÉATRIX.

Je m'aperçois que votre altesse est préoccupée... je crains d'être indiscrète... je me retire...

FRÉDÉRIC, *vivement.*

Non! restez... restez de grâce!... car si vous me cherchiez... madame... moi aussi, je vous cherchais.

BÉATRIX, *avec gratitude.*

Moi... monseigneur?...

FRÉDÉRIC.

Oui!... pour vous demander conseil... appui, peut-être...

BÉATRIX.

A moi?

FRÉDÉRIC.

Oui... à vous...

BÉATRIX, s'inclinant et s'asseyant. — A part.

Que va-t-il me dire?

FRÉDÉRIC, essayant de sourire et s'asseyant.

On a dû vous répéter à Vienne que je vivais en solitaire... en sauvage...

BÉATRIX, même jeu.

Je ne sais...

FRÉDÉRIC, s'émouvant malgré lui.

Si!... si... et l'on avait raison!... car mes jours se passaient avec un ami de cœur que dévorait une passion insensée... sans espoir comme sans bornes...

BÉATRIX.

Ah!

FRÉDÉRIC, s'animant.

Une passion... dont les douleurs... si je vous les racontais...

BÉATRIX, un peu vivement.

A moi... monseigneur?...

FRÉDÉRIC.

Oui, à vous... car celle qui est l'objet de cet amour, vous la connaissez!... c'est une grande artiste comme vous... et votre impression m'apprendra si un amour aussi profond... est propre à toucher un cœur comme le sien... ou si mon ami n'a qu'à mourir de douleur...

BÉATRIX, se levant.

Pardonnez... monseigneur... mais je suis bien peu propre à cette confidence... assez calme d'imagination comme vous le savez... très-peu romanesque de cœur.

FRÉDÉRIC.

Eh bien, tant mieux! si ce récit vous touche... qui ne toucherait-il pas?... Voulez-vous m'écouter?

BÉATRIX, s'inclinant et s'asseyant.

Monseigneur .. (A part.) De la force!...

FRÉDÉRIC, après un moment de silence et avec une émotion profonde.

Oh! madame!... savez-vous que c'est une affreuse chose pour un homme vraiment épris, que d'aimer une illustre femme de théâtre! tout est douleur même dans son ivresse!... tout est ivresse même dans sa douleur! Y a-t-il joie d'amour comparable au bonheur de voir celle qu'on aime parée de tous les prestiges de l'art, embellie par toutes les transformations du costume, s'avancer chaque soir comme une reine... au milieu de cette salle frémissante, de ces lumières, de cet enthousiasme, de la voir se revêtir, pour ainsi parler, du génie de tous les grands hommes qu'elle interprête, se confondre avec leurs plus divines créations, et de sentir que l'on aime à la fois en elle et Juliette, et Desdémona, et Cordélia et elle-même!

BÉATRIX, essayant de sourire.

En vérité?...

FRÉDÉRIC.

C'est mon ami... qui parlait ainsi! Il ajoutait : y a-t-il un désespoir de jalousie égal à la douleur d'entendre celle qu'on aime dire tout haut à un autre ces mots divins de tendresse que l'on payerait de son sang.. de la voir pencher son front sur le front d'un autre... et quel autre? le premier venu... le regarder avec ces regards... qui ne sont qu'une feinte!... car voilà ce qu'il y a de plus cruel dans une telle passion!... c'est qu'on ne peut avoir foi ni dans les paroles, ni dans la physionomie d'une actrice!... elle a des larmes dans les yeux!.. elle pâlit en vous revoyant. Eh bien! cette pâleur... ce trouble, tout cela n'est peut-être qu'un masque de théâtre.

BÉATRIX, un peu offensée. — Se levant.

Monseigneur!

FRÉDÉRIC, se levant.

Oh! ne vous offensez pas!... car c'est, hélas!... ce mélange de colère et d'extase, de doute et d'ivresse, d'enchantement et de désespoir, d'où naissent pour vous... irrésistibles séductrices, ces passions fièvreuses... maladives... implacables... Oh! insensé... voilà que je vous offense encore!... je voulais vous toucher pour ce malheureux, et malgré moi je vous blesse.

BÉATRIX.

Me blesser, monseigneur; non, vous ne me blessez pas! mais je vous l'ai dit je ne suis pas propre à cet entretien... (Elle fait un mouvement pour se retirer.) Et si vous me le permettez... (Elle remonte.

FRÉDÉRIC.

Un mot... un mot encore!... un seul!...

BÉATRIX.

A quoi bon?

FRÉDÉRIC.

A vous faire connaître ce qu'il y a dans son cœur, et à connaître son sort!... Je vous en supplie, madame, un instant, un instant seulement...

BÉATRIX, redescendant.

Puisque vous l'exigez, monseigneur... (A part.) Quelle torture!... n'importe! il ne verra rien! (Elle se rassied.)

FRÉDÉRIC, après s'être rapproché et après un silence.

Il est jeune comme moi, ce malheureux, il est d'une maison souveraine comme moi. Eh bien! savez-vous à quoi se consumait sa vie?... Les jours où elle devait jouer... il sortait dès le matin... allait regarder les affiches de théâtre, et il restait là, immobile, contemplant ce nom inscrit sur cette feuille rouge ou jaune... épelant chaque lettre, décomposant le mot machinalement...

BÉATRIX, cherchant à cacher son trouble.

En vérité?

FRÉDÉRIC.

Le soir venu... il n'avait qu'une pensée... échapper à tous les regards pour aller l'entendre seul dans le fond d'une loge obscure!... Et cette salle qui se remplissait peu à peu, ces musiciens qui arrivaient un à un, ce rideau immobile qui le séparait d'elle, ce parterre qui s'agitait comme une mer houleuse, avec des mouvements d'admiration et d'espoir autour de son nom... tout cela l'enchantait, l'enivrait, car tout cela parlait d'elle : c'était pour lui... comme une nouvelle manière de l'aimer!...

BÉATRIX, cachant son trouble sous un intérêt ordinaire.

Oh! c'est très-intéressant, très-intéressant!

FRÉDÉRIC.

Elle entrait en scène!... Non,... une mère qui attend le premier mot de son enfant n'est pas plus palpitante que lui... épiant, l'oreille tendue, la première parole, le premier son de cette bouche aimée... (Béatrix commence à se troubler.) Les applaudissements éclataient-ils de toutes parts;... il lui semblait qu'il aimait toute cette salle, il avait envie de tendre la main à tous ces hommes qui criaient : Bravo!

BÉATRIX, entraînée malgré elle.

Est-il possible?...

FRÉDÉRIC, qui a vu son émotion. — A part.

Elle s'émeut!... (Haut avec une tendresse et une passion croissante.) Et quand la pièce était finie, quand la toile était baissée... il allait se placer près de la porte de sortie des artistes, se cachant derrière une voiture, dans un groupe de passants!... et là, enveloppé de son manteau, lui... un prince... il attendait à la neige... à la pluie, l'œil fixé sur cette porte sombre... pour la voir passer un moment... (Béatrix, de plus en plus troublée, évite ses regards; il s'en aperçoit et continue avec plus de force.) Ce qui s'agitait alors dans son âme... comment vous le dire? Les desseins les plus étranges, les résolutions les plus insensées... se pressaient dans sa tête?... Si je me jetais à ses genoux, en la suppliant de m'aimer? Si je m'élançais dans sa voiture?... Si je me précipitais sous les pieds de ses chevaux pour être blessé par elle... (Mouvement de Béatrix qui détourne un peu les yeux.) relevé par elle!... (Elle se trouble.) emporté chez elle!... (Béatrix se lève vivement et passe à gauche pour cacher ses larmes.) Ah! je le vois!... je le vois!... un amour si profond vous touche malgré vous...

BÉATRIX, tâchant de se remettre.

Moi... monseigneur?

FRÉDÉRIC.

Vous détournez en vain la tête, je vois des larmes dans vos yeux!...

BÉATRIX, étonnée et troublée.

Des larmes?... moi!... (Après un silence, elle fait un effort, essuie ses yeux et éclate de rire.) Mais c'est que c'est pourtant vrai!... je pleure !... (Regardant ses doigts mouillés.) de vrais pleurs !... Oh ! mon Dieu !... que c'est ridicule !...

FRÉDÉRIC.

Ridicule... parce que votre cœur s'est ému !...

BÉATRIX.

Mon cœur ?... Hélas !... faut-il vous l'avouer ?... mon cœur n'est pour rien là-dedans !...

FRÉDÉRIC, stupéfait.

Que voulez-vous dire ?

BÉATRIX.

Que les artistes... sont des êtres bien singuliers !... Vous me le disiez tout à l'heure vous-même, monseigneur... et vous aviez bien raison... Tout chez eux... tout est affaire de théâtre, de scène...

FRÉDÉRIC.

Mais...

BÉATRIX, avec bonhomie.

Ainsi... certainement, mon Dieu... Ce pauvre jeune homme est très-intéressant... très-touchant !... Eh bien ! à la fin de votre récit... je l'avais complétement oublié... je ne pensais plus à lui...

FRÉDÉRIC.

Et ces pleurs ?

BÉATRIX.

Pleurs d'artiste !... Ne me trahissez pas, monseigneur, car je vous livre là le secret de notre faiblesse ou de notre force !... Quand je joue Cordélia... et que je m'attendris jusqu'aux sanglots... croyez-vous que je pleure sur la fille du roi Lear ?... Non... ce qui m'émeut... c'est ma propre voix... c'est mon inspiration... c'est l'art enfin... comme tout à l'heure... ce qui m'a touchée... c'était, je l'avoue à ma honte, non pas votre ami... mais la situation... la scène... et votre talent, monseigneur, car savez-vous que vous avez un véritable talent ?

FRÉDÉRIC, éclatant.

Mon talent !... mon talent !... Assez, madame !... pas un mot de plus, de grâce ! (Avec amertume.) Oh ! j'avais bien raison de vouloir vous le faire ce récit!... Je savais bien que vous me donneriez un bon conseil!... Celui que vous avez oublié de plaindre, madame... saura de moi... ou plutôt de vous-même, ce que c'est qu'un cœur d'artiste, si grand qu'il soit... et s'il n'est pas le dernier des lâches... il s'arrachera du cœur ce fatal et honteux amour... Merci donc, merci! car c'est vous qui l'aurez guéri. (Il s'élance dans son cabinet.)

SCÈNE IV.

BÉATRIX, seule, tombant éperdue sur un siége.

Je meurs!... Tant d'amour!... tant de larmes!... Va!... pleure, cher Frédéric... Déchire ta poitrine... Tu ne souffriras jamais autant que moi!... Moi mentir ainsi... rire... rire!... Oh! pauvre comédienne!... c'est la première fois que tu joues la comédie .. Avec quel désespoir... Dieu seul le sait... Ah! sauvons-nous d'ici!... ou je courrais lui tout avouer.

SCÈNE V.

BÉATRIX, KINGSTON.

KINGSTON, à part, au fond.

Je pense que je puis rentrer, maintenant.

BÉATRIX.

Ah! c'est vous!...

KINGSTON, voyant l'agitation de Béatrix.

Elle me semble un peu agitée... Dépit de ne l'avoir pas vu... (S'avançant au moment où elle va sortir, et voyant ses traits décomposés.) Dieu! qu'avez-vous?... Quels traits décomposés! quel trouble!... D'où viennent ces larmes?... Comment! lorsque vous étiez seule ici...

BÉATRIX.

Seule!... ah! plût à Dieu que j'eusse été seule!... Plût à Dieu que je n'eusse pas entendu ce que je viens d'entendre... que je n'eusse pas vu ce que je viens de voir!

KINGSTON, stupéfait.

Vu?... entendu?... Quoi?... qui?

BÉATRIX.

Celui... celui... Oh! je ne veux pas prononcer ce nom!... Adieu!... (Elle sort.)

SCÈNE VI.

KINGSTON, puis OLDENBOURG.

KINGSTON, hors de lui.

Elle a vu!... elle a entendu!... qui?... Personne n'est entré! Personne n'est sorti!... C'est donc lui?... Il s'est donc échappé?... Elle lui a donc ouvert?... (Il court à la petite serre et ouvre la première porte.)

OLDENBOURG, sortant de la serre et riant aux éclats.

Oh! la bonne figure! (A part.) Il ne sait rien!...

KINGSTON.

Comment! vous ici, monsieur le comte?...

OLDENBOURG.

Ha! ha! Il est à peindre!...

KINGSTON.

Mais enfin, comment se peut-il? Car puisque cette porte était fermée!... Ce n'est donc pas vous?... car si c'était vous...

OLDENBOURG.

Ha! ha! ce n'est donc pas vous?... si c'était vous!...

KINGSTON.

Mais par où avez-vous passé?...

OLDENBOURG.

Parbleu!... c'est bien simple: par le trou de la serrure!...

KINGSTON.

Mais, monsieur le comte...

OLDENBOURG.

Je vous avais prévenu, mon cher monsieur Kingston!... Rien ne m'arrête... je suis un sylphe!

KINGSTON.

Ma tête n'y est plus!...

OLDENBOURG.

Mais vous sentez bien qu'après cette première entrevue... Et si vous saviez quelle entrevue?...

KINGSTON.

Est-ce que je ne l'ai pas vue?... Le visage en larmes!... les traits décomposés!...

OLDENBOURG.

Ah! voilà comme je travaille!... et encore ce n'est qu'un commencement... mais, maintenant, nous voilà lancés comme sur un chemin de fer... Les billets doux!... les aveux!..

KINGSTON.

Eh! bien... nous verrons.

OLDENBOURG.

Allons donc!... Je vous retrouve!

KINGSTON.

Vous n'en êtes pas où vous croyez, monsieur le comte!...

OLDENBOURG.

A la bonne heure!

KINGSTON.

Vous ne lui écrirez plus, monsieur le comte!

OLDENBOURG.

En vérité?...

KINGSTON.

Et vous ne lui ferez plus d'aveux, monsieur le comte!

OLDENBOURG.

Ah! ah!

KINGSTON.

Vous avez gagné la première manche, monsieur le comte... à moi la revanche!... (Il sort.)

SCÈNE VII.

OLDENBOURG, *seul, il redescend vivement en scène.*

Aux affaires sérieuses maintenant !... Pauvre femme !... Quel courage, quelle douleur !... J'ai pleuré malgré moi en entendant ce cri de désespoir... Pas d'attendrissement !... Il s'agit d'empêcher que le prince ne se doute... (*Écartant les feuilles des arbustes, et regardant dans le cabinet du prince.*) Il est encore chez lui... il écrit !... Quelle agitation !... Sa main court convulsivement sur le papier... Il sonne... Son vieux Wilhem entre... Il lui remet une lettre... avec quel mystère !... Que de recommandations ! C'est pour elle !... Rien n'est fini !...

SCÈNE VIII.

OLDENBOURG, KŒRNER.

KŒRNER.

Mon cher, je viens te prier d'être mon témoin...

OLDENBOURG.

Tu te bats ?

KŒRNER.

Oui.

OLDENBOURG.

Encore !

KŒRNER.

Oui, encore !... Encore pour elle !... mais cette fois... ce sera sérieux !...

OLDENBOURG.

Pour elle !... pour Béatrix !... Et avec qui te bats-tu ?

KŒRNER.

Ah ! voilà !... je n'en sais rien !...

OLDENBOURG, *éclatant de rire.*

Comment ! tu ne sais pas ?

KŒRNER.

Eh ! parbleu, non ! Et c'est ce qui m'enrage !... car je suis plus jaloux et plus amoureux que jamais !... Et quand je saurai avec qui je me bats... quand tu me l'auras dit...

OLDENBOURG.

Quand tu sauras... quand je t'aurai dit !... Ah ! çà, tu es fou !...

KOERNER.

Tu ne comprends donc pas ?...

OLDENBOURG.

Oh ! non, par exemple !...

KOERNER.

Mon cher, il y a un homme qui est amoureux de Béatrix... Il y a un homme qui fait la cour à Béatrix !... un homme qui a juré d'écrire à Béatrix !...

OLDENBOURG.

Ah ! vraiment !... Et qui t'a dit cela ?...

SCÈNE IX.

LES MÊMES, KINGSTON.

KINGSTON, s'avançant avec une modestie goguenarde.

Moi, monsieur le comte !

OLDENBOURG, riant.

Ah ! ah ! vous, monsieur Kingston !... (Bas.) Pas mal ! Pas mal !

KINGSTON.

Trop bon, monsieur le comte !

KOERNER.

Et comme il paraît... toujours à ce que m'assure Kingston... que tu sais qui c'est... je viens te demander son nom...

OLDENBOURG, étonné.

Hein ?...

KOERNER.

Tu ne peux pas me refuser cela !...

KINGSTON.

Vous ne pouvez pas nous refuser cela... monsieur le comte.

OLDENBOURG, riant.

Mais que comptes-tu faire de ce nom?...

KOERNER.

C'est bien simple... Comme je n'ai qu'une parole... Dès que je connais ce... ce... enfin, suffit... je le tue!...

KINGSTON, avec laisser-aller.

Mon Dieu!... oui!... nous le tuons!... Cela doit vous décider, monsieur le comte?

OLDENBOURG.

Pas trop!...

KOERNER.

Tu ne veux pas?

OLDENBOURG.

Non!...

KOERNER, à Oldenbourg.

Eh bien! alors, dis-lui de ma part que je veille!... et que s'il se permet un signe....

KINGSTON.

Vous entendez... monsieur le comte, s'il se permet un signe...

KOERNER.

S'il hasarde un seul regard...

KINGSTON.

S'il hasarde un seul regard...

KOERNER.

S'il écrit une ligne...

KINGSTON.

S'il écrit une ligne...

KOERNER.

Son compte est fait...

KINGSTON.

Son compte est fait...

OLDENBOURG, riant.

Son compte est fait!... son compte est fait!...

KOERNER.

Sûr! j'ai trouvé ce matin un petit coup... Ah! vois-tu... j'engage l'épée en tierce...

KINGSTON.

Nous engageons l'épée en tierce!...

KŒRNER.

Une petite pression!... et puis... trois pouces de fer sous... la troisième côte...

OLDENBOURG.

Mais...

KŒRNER.

Oh! c'est décidé!... je ne peux pas faire moins pour ce brave homme après ce qu'il a fait pour moi...

OLDENBOURG.

Et qu'a-t-il donc fait?

KŒRNER.

Il m'a acheté mon oncle.

OLDENBOURG.

Comment! Il t'a acheté ton oncle?

KŒRNER.

Oui, tu sais bien, cet oncle dont je dois hériter un jour... Eh bien, monsieur Kingston, sur cet héritage... lointain... me prête mille florins par an... et paye toutes mes dettes...

OLDENBOURG, riant.

Ah! ah! je comprends! Une petite société en commandite!

KINGSTON.

Précisément! Il y avait des malfaiteurs qui menaçaient de mettre le feu à mes marchandises... j'ai pris une assurance contre l'incendie!...

OLDENBOURG.

Admirable!

KINGSTON.

Oui, oui, malheureusement le duel n'aura pas lieu : monsieur le comte préviendra le jeune homme!

OLDENBOURG.

Ah! ah!

KINGSTON.

Le jeune homme aura peur!...

OLDENBOURG.

Croyez-vous?...

KINGSTON.

Et le jeune homme n'écrira pas!...

OLDENBOURG.

Tenez, Kingston... vous êtes adorable!...

SCÈNE X.

LES MÊMES, SMITS.

SMITS, à Kingston.

Monsieur... monsieur... on lui a écrit!...

KOERNER.

Bravo! J'entre en fonctions...

KINGSTON, à Smits.

Qui?

SMITS.

Je ne sais...

KINGSTON.

Quoi?

SMITS.

Une lettre d'amour...

KINGSTON.

Qui te le prouve?

SMITS.

Le mystère du message.

KINGSTON.

Ce message, qu'en as-tu fait?

SMITS, lui tendant le billet.

Le voici!

OLDENBOURG, qui a tout suivi de l'œil, reconnaît l'écriture du prince. (Il saisit le billet). Un instant!... un instant!... Monsieur Kingston!... Je ne vous ai pas chargé d'ouvrir mes lettres. (A part.) Du prince!

KINGSTON.

Quoi!... Monsieur le comte... ce billet...

OLDENBOURG.

Est de moi!

KOERNER, avec colère.

De toi?

OLDENBOURG.

Eh! sans doute... de moi!... (A part.) Advienne que pourra... (Haut et avec gaieté.) Est-ce que tu as la prétention de m'empêcher d'écrire à une jolie femme, toi?...

KOERNER, s'approchant de lui et tordant sa moustache avec une colère doucereuse.

Mon cher ami!...

OLDENBOURG.

Mon cher ami!

KOERNER.

Tu sais que je suis un honnête homme!...

OLDENBOURG.

Tant mieux pour toi, mon cher ami, car c'est fort rare.

KOERNER.

C'est que ce brave gardien prétend que ce billet est un billet d'amour.

OLDENBOURG, avec hauteur.

Eh bien?

KOERNER.

Eh bien... Tu comprends...

OLDENBOURG.

Quoi?

KOERNER.

Qu'il faut que tu me prouves qu'il se trompe!...

OLDENBOURG.

Comment?

KOERNER.

En me permettant de lire...

OLDENBOURG.

Ce billet?...

KOERNER.

Précisément!... ou sinon...

OLDENBOURG.

Ah! çà... Est-ce que tu veux te battre avec moi?...

KŒRNER.

Il le faut bien, mon cher ami... si tu refuses... de me montrer cette lettre...

KINGSTON, à part.

Il vaut son pesant d'or.

OLDENBOURG, avec fermeté.

Kœrner, écoute-moi bien!... ce que cette lettre contient ne regarde que moi!... mais, fût-elle aussi insignifiante qu'un billet de faire part... la remettre à qui l'exige serait une lâcheté... Et tu sais que si tu es brave... je le suis autant que toi!... Maintenant fais ce que tu voudras!...

KŒRNER.

Eh! bien, mon cher ami, nous allons nous couper la gorge...

OLDENBOURG.

Soit!... va chercher tes témoins!... (Kœrner va pour sortir, le prince entre).

SCÈNE XI.

LES MÊMES, FRÉDÉRIC.

KŒRNER.

Le prince!...

KINGSTON, avec surprise.

Le prince!...

FRÉDÉRIC.

Qu'est-ce donc, messieurs?

KŒRNER.

Rien, monseigneur!

FRÉDÉRIC.

J'ai entendu des paroles de menaces... Les mots de duel... d'épée... qu'y a-t-il?... je veux le savoir!...

OLDENBOURG.

Eh bien! monseigneur... daignez être notre juge... voici une lettre de moi... fort innocente... assurément, mais que ce fou de Kœrner veut me forcer à lui montrer... Lisez-la, monseigneur, et dites si, malgré sa parfaite innocence, il n'y aurait pas de ma part trahison à la remettre...

FRÉDÉRIC, prenant la lettre. — A part.

Ma lettre!... (Haut.) Et c'est pour ne pas livrer ce billet que vous vous exposiez à être tué?...

OLDENBOURG.

Oui, monseigneur!... Et j'ose croire que vous ne m'en blâmez pas!...

KŒRNER.

Vous voyez bien, monseigneur!

FRÉDÉRIC.

Silence!... monsieur le capitaine!... (A Oldenbourg.) Votre conduite est celle d'un galant homme!... (A Kœrner.) Et quant à vous, Kœrner, sachez que si jamais vous donnez suite à cette querelle... Allez!...

KŒRNER.

Mais... prince!...

FRÉDÉRIC.

Allez!... (A Kingston.) Pour vous, monsieur Kingston, éloignez-vous un moment...

KINGSTON, à part.

Le prince... ici... Ah! je comprends!... (Il sort avec Kœrner.)

SCÈNE XII

FRÉDÉRIC, OLDENBOURG.

FRÉDÉRIC.

Avez-vous lu cette lettre?...

OLDENBOURG.

Non, monseigneur...

FRÉDÉRIC.

Pourquoi donc l'avoir si vivement défendue?

OLDENBOURG.

Parce que j'ai deviné ce qu'elle contenait.

FRÉDÉRIC.

Ce qu'elle contient vous semble donc bien regrettable?

OLDENBOURG.

Regrettable comme un malheur public...

FRÉDÉRIC tressaille, puis, après un moment de silence.

Si je vous demandais pourtant de garder ce secret... le garderiez-vous?...

OLDENBOURG.

J'ai su le défendre, je saurai le garder!

FRÉDÉRIC, après un moment de silence.

Monsieur le comte, j'ai un message à vous confier...

OLDENBOURG.

A moi, monseigneur?

FRÉDÉRIC.

Oui!... Allez trouver ma mère, et dites-lui de ma part... vous entendez... de ma part... ces simples mots: Le prince prie votre altesse de tout préparer pour son mariage avec la princesse Marguerite.

OLDENBOURG, lui baisant la main.

Ah! monseigneur!...

FRÉDÉRIC.

Pas un mot de plus!... Vous remplirez mon message ce soir même. (Il déchire la lettre. — A part.) Allons! tout est fini!...

FIN DU TROISIÈME ACTE.

ACTE QUATRIÈME

Même décor.

SCÈNE PREMIÈRE.

FRÉDÉRIC, OLDENBOURG, LA MARQUISE, LA GRANDE-DUCHESSE, BÉATRIX, KINGSTON, TOUTE LA COUR.

LA GRANDE-DUCHESSE, à sa suite.

Oui, mesdames... oui... Madame a bien voulu nous promettre deux scènes...

LA MARQUISE.

Deux scènes...

LA GRANDE-DUCHESSE.

Une de Schiller et une de Shakspeare.

BÉATRIX.

C'est vraiment trop de bonté, altesse! (Apercevant le prince. — A part.) Lui!...

OLDENBOURG, qui les suit des yeux, à part.

Elle a tressailli en le voyant!...

LA GRANDE-DUCHESSE, apercevant Frédéric.

Ah! je vous cherchais, mon fils!... Avez-vous entendu?... une scène de votre grand Shakspeare. (A Oldenbourg.) Mais tout est-il bien préparé, monsieur le comte?

OLDENBOURG.

Je l'espère, altesse!

LA GRANDE-DUCHESSE, à Kingston.

Les musiciens?

KINGSTON.

Sont dans la serre.

LA GRANDE-DUCHESSE, à Béatrix.

Vous avez demandé, je crois, un casque?...

LA MARQUISE.

Un casque!...

BÉATRIX, souriant.

J'en suis un peu confuse... mais c'est vrai!

KINGSTON, montrant le casque.

Le voici!... et superbe!...

OLDENBOURG, gaiement.

Comme il vous irait, monsieur Kingston!.

LA GRANDE-DUCHESSE.

Eh bien, commençons!... J'en ai hâte!... mon fils... près de moi! je veux voir vos impressions et vous communiquer les miennes!... Vous, mesdames, placez-vous à votre gré! (Tout le monde se range des deux côtés. La grande-duchesse et Frédéric d'un côté; Oldenbourg du même côté sur le devant de la scène. — Kingston tient le livre pour donner la réplique. — Béatrix au milieu.

BÉATRIX, à part.

O mon art, protége-moi, en m'arrachant à moi-même!

LA GRANDE-DUCHESSE.

Qu'allez-vous nous dire?

BÉATRIX.

Les *Adieux de Jeanne d'Arc*, dans Schiller...

KINGSTON, avec emphase.

C'est le moment où la jeune Pastoure quitte son village pour aller à ses nobles projets, et...

LA GRANDE-DUCHESSE, souriant.

Nous savons... nous savons... monsieur Kingston! (Béatrix reste un instant immobile se recueillant. — Bas à Frédéric.) Regarde... ce que c'est que le génie!... Comme elle se transfigure déjà...

FRÉDÉRIC.

Oui... en effet!... (A part.) Oh!... ce visage!... ce divin visage!

BÉATRIX.

Adieu, vallons et pâturages!
Adieu, frais ruisseaux, verts gazons!
Adieu, solitaires ombrages!
Adieu, tranquilles horizons!
Je n'irai plus sous les vieux chênes

Seule et rêvant, je n'irai plus,
Au doux bruit des cloches lointaines,
Écouter le soir dans nos plaines
L'écho mourant de l'Angélus!
Jeanne s'en va, temple de la prière
Où Dieu m'apprit à le bénir,
Jeanne s'en va, pauvre chaumière
Dont chaque pierre
Était un souvenir;
Murs où naquit ma sœur, chambre où mourut mon frère,
Foyer, jardin, maison, et toi, ma pauvre mère,
Hélas! Jeanne s'en va pour ne plus revenir!

L'ardeur qui loin de toi m'entraîne
Ce n'est pas, cher et doux pays,
Un vain désir de gloire humaine:
L'Esprit commande et j'obéis.

Celui qui descendit de la montagne sainte,
Celui qui, du milieu des flammes d'un buisson,
Interpella Moïse et, gourmandant sa crainte,
Lui dit : Marche vers Pharaon!
Celui qui, pour briser l'orgueil des idolâtres,
Choisit pour son champion l'humble fils de Bethlé,
Celui qui fut toujours propice aux pauvres pâtres,
Dans l'ombre des forêts celui-là m'a parlé!
Aux soins d'une main étrangère,
M'a-t-il dit, laisse tes agneaux;
Demain en d'autres champs, bergère,
Tu vas guider d'autres troupeaux.
L'acier d'une cotte de mailles
Pèsera sur ton faible sein,
Et le gant de fer des batailles
Chargera ta débile main.
Pour toi, jamais d'amour; ton âme
Jamais d'une terrestre flamme
Ne brûlera, même à l'autel!...

S'attendrissant malgré elle.

Jamais tes yeux ne verront luire
De l'hymen le jour solennel,
Et nul enfant au doux sourire
Ne s'épanouira sur ton sein maternel...
Mais libre par toi ta patrie,
Relevant sa tête flétrie,
Enfin respirera par toi
Du joug de la race étrangère,
Et ton humble main de bergère
Couronnera ton jeune roi!

Saisissant le casque.

Le jour est arrivé, voici l'appel suprême!
Ce casque me vient de Dieu même!
En le touchant, en le pressant,
Je sens à flots dans ma poitrine
Courir une flamme divine;
L'âme des chérubins a passé dans mon sang!
Retentis donc, cri de guerre!
Coursiers frappez du pied la terre!
L'Anglais épouvanté devant mon œil en feu
Disparaît du sol qu'il profane!
Je ne suis plus la faible Jeanne,
Je suis la messagère et l'instrument de Dieu!

Tous applaudissent.

OLDENBOURG.

C'est plus qu'un talent... c'est une âme..

LA MARQUISE.

C'est Jeanne d'Arc elle-même!

LA GRANDE-DUCHESSE.

On est fière de donner la main à celle qui dit si noblement de telles paroles...

BÉATRIX, *vivement et émue.*

C'est moi qui dois vous remercier!... car je ne sais si c'est votre sympathie... ou ces beaux vers... mais en les disant, il me semblait que mon cœur grandissait avec eux.

LA MARQUISE.

Nous l'avons bien vu.

BÉATRIX, avec enthousiasme.

Oh! notre âme n'est pas seulement un vain amusement... c'est un soutien! c'est un guide... Il nous protége... il nous sauve! (A part.) Je suis maîtresse de moi maintenant!

LA GRANDE-DUCHESSE, bas, à son fils.

Eh bien! tu es le seul à ne pas l'applaudir! Ah! je comprends, jalousie d'artiste. (Remontant vers Béatrix.) Nous souhaiterions vous entendre encore.

LA MARQUISE.

Madame nous a promis un second morceau!...

BÉATRIX.

Que votre altesse ordonne!

LA GRANDE-DUCHESSE.

On parle beaucoup de votre rôle de Juliette!

BÉATRIX.

Juliette!... oh! oui! Les beaux passages n'y manquent pas!... La première entrevue des deux amants au bal!... La scène du tombeau!... (Souriant.) Celle-là, surtout... je crois que je ne la dis pas mal!...

TOUS.

Eh bien! dites-nous-la! dites-nous-la!

BÉATRIX, gaiement.

Il y a une difficulté!... c'est qu'il faut être deux pour jouer la scène dont vous parlez... Il ne me manque qu'un Roméo.

OLDENBOURG, gaiement.

M. Kingston pourrait vous donner la réplique.

BÉATRIX, gaiement.

Les Roméo ne sont pas son emploi.

LA GRANDE-DUCHESSE.

N'est-ce que cela? J'en ai un à vous offrir, moi!

BÉATRIX.

Un Roméo, altesse... c'est bien rare!...

LA GRANDE-DUCHESSE.

J'en ai un, vous dis-je, plein de passion, de vérité... digne de vous enfin!

BÉATRIX.

Et qui donc?

LA GRANDE-DUCHESSE se dirige vers un angle de la salle où s'est réfugié Frédéric.

Qui?... Ce silencieux!

BÉATRIX, tremblante.

Le prince!

OLDENBOURG.

Lui?...

FRÉDÉRIC.

Ma mère!

LA GRANDE-DUCHESSE.

Ah! je trahis ton secret... c'est affreux!... mais la vérité avant tout! Oui, madame, je vous présente un homme à qui il ne manque que le bonheur d'être détrôné pour devenir votre rival!...

FRÉDÉRIC.

Ma mère!

LA GRANDE-DUCHESSE.

Un homme qui, à la cour de Prusse, nous a récité cette scène de Roméo...

LA MARQUISE.

Et qui nous a arraché à tous des larmes!

TOUS.

La scène du tombeau!... la scène du tombeau!

FRÉDÉRIC.

Mais...

BÉATRIX, balbutiant.

Je n'oserais!... Un tel partner!... Je ne sais pas même si ma mémoire...

LA GRANDE-DUCHESSE.

Mon fils a là un Shakspeare. (A Oldenbourg.) Monsieur le comte, veuillez aller nous chercher le volume. (Oldenbourg entre dans le cabinet.) A ton entrée!

FRÉDÉRIC.

Eh bien, soit! (A part.) Ah! malgré elle, elle entendra le cri de de mon cœur. (Il entre dans son cabinet.)

LA GRANDE-DUCHESSE, à Béatrix qui a l'air de vouloir lui faire une objection.

Ne vous inquiétez de rien!... Pendant que vous repasserez votre rôle, M. Kingston aidera ces dames à disposer le salon.

LA MARQUISE, à Kingston.

Monsieur, nous sommes à vos ordres.

KINGSTON.

Mesdames, c'est moi qui suis aux vôtres.

LA MARQUISE, à Kingston.

Que vous faut-il?

KINGSTON, cherchant autour de lui.

Presque rien... Ah! ce canapé pour jouer le rôle du tombeau.

OLDENBOURG, rentrant avec le volume.

Voici *Roméo et Juliette*.

LA GRANDE-DUCHESSE, le donnant à Béatrix.

Repassez, repassez votre rôle; nous vous laissons! (La grande-duchesse, Oldenbourg, Kingston, remontent au fond du théâtre pour tout disposer. Béatrix est sur le devant avec le volume qu'elle parcourt.)

BÉATRIX, le livre à la main.

Je suis perdue!... Chaque vers, chaque mot de cette scène... est un danger. Il va falloir entendre cette voix qui me trouble tant me dire: Je t'aime!... et ne rien montrer de ma joie!...

KINGSTON, au fond.

Le tombeau... plus rapproché. (On descend le canapé.)

BÉATRIX, lisant toujours.

Que dis-je? malheureuse!... Je ne puis pas la cacher... Il faut... il faut que je lui réponde... Shakspeare le veut!... Il faut que mes regards lui parlent de ma passion... Shakspeare le veut!...

KINGSTON, à Oldenbourg.

Oui, monsieur le comte, les instruments de musique à l'entrée.

BÉATRIX, lisant toujours.

Et là!... là!... Oh! je l'avais oublié...

LA MARQUISE, s'approchant de Béatrix.

M. Kingston demande si vous voulez un poignard?

BÉATRIX.

C'est inutile. (La marquise remonte le théâtre.) Ses baisers!... ses baisers qui doivent chercher mes lèvres!... Non! je ne les attendrai pas!...

KINGSTON, au fond.

Mais un voile... il me faudrait un voile... Ah! je sais..

BÉATRIX, toujours lisant.

Ne pas les attendre!... Mais c'est à moi de lui ouvrir les bras, à moi de presser sa tête sur mon sein... à moi de couvrir son front... son visage de... Ah!...

LA GRANDE-DUCHESSE, à Béatrix.

Madame... tout est prêt.

BÉATRIX, rassemblant son courage.

Je suis prête aussi, madame.

KINGSTON.

Je donne le signal à la musique. (Tout le monde se range des deux côtés. Au fond, Kingston, prêt à donner le signal aux musiciens; à droite, la grande-duchesse, la marquise; à gauche, Oldenbourg; au milieu, Béatrix étendue sur un canapé. Kingston donne le signal Une musique douce commence à jouer. La porte du cabinet s'ouvre, Frédéric paraît; il s'approche lentement de Béatrix.

FRÉDÉRIC, entrant.

C'est donc ici qu'enfin je vais me délivrer
De ce corps lassé de la vie!
O tombeau! vainement tu me l'avais ravie
Tu ne peux pas nous séparer!...

Prenant la fiole de poison.

Ce poison nous rassemble!...

Il boit, puis apercevant Béatrix.

Elle!... elle!...

Il lève le voile qui couvre son visage.

O mon amante!

De ta jeune beauté le frais et pur trésor
Fleurit encor sur ta bouche charmante...
A flétrir les attraits la mort est impuissante ;
Pourquoi, ma Juliette, es-tu si belle encor?...

Avec passion.

Oh! avant de mourir... sur sa funèbre couche
Penche-toi, mon front, penche-toi!
Serrez-la sur mon cœur, mes bras, et toi, ma bouche...
Imprime...

BÉATRIX, *ne laissant pas achever.*

Où suis-je?...

FRÉDÉRIC.

O ciel!...

BÉATRIX.

Défendez-moi!

OLDENBOURG, *à part.*

Elle ne l'a pas laissé achever le vers.

FRÉDÉRIC.

Elle vit!... elle vit!... Dieu puissant! Dieu suprême!
C'est elle!... Elle m'entend! Ses yeux se sont rouverts!
Ce moment m'a payé de tous les maux soufferts!
Je puis lui dire encor... lui dire enfin... je t'aime!...
Je t'aime!...

BÉATRIX.

Qu'êtes-vous?... et que me voulez-vous...

FRÉDÉRIC.

Je suis ton amant!... ton époux!
Ton Roméo qui passe, en ce moment d'ivresse,
Du séjour de l'enfer au céleste séjour,
Roméo qui te dit... viens! ma jeune maîtresse!...
Renais à la lumière... et renais à l'amour!

BÉATRIX.

Pourquoi me fait-on violence?...
Non, rien à mon serment ne me fera faillir!
Mes forces peuvent me trahir,

Mais de ma volonté l'immuable constance
Ne fléchira jamais !...

FRÉDÉRIC.

Juliette !...

BÉATRIX.

Laissez-moi !
Je ne vous connais pas !...

FRÉDÉRIC.

O ciel ! quelle démence !
Mais c'est moi !... Roméo !... Regarde-moi donc ! Voi,
Vois mes larmes, Juliette !... Écoute ma prière...

BÉATRIX, à part, en détournant la tête.

Mon cœur fléchit ! mon cœur fléchit !...

FRÉDÉRIC.

C'est moi !...

BÉATRIX, avec un mélange de réserve et de tendresse.

Je reconnais cette voix !... Sa douceur
M'enchante et pénètre en mon cœur
Comme dans l'œil charmé pénètre la lumière.
O mon amant ! ô mon époux !
Donne ta main... que je la touche !...
Laisse-moi respirer le parfum de ta bouche !
Parle encor !... Que j'entende encore ces accents
Qui me raniment... ou je sens...
Que je vais... retomber... Mes genoux fléchissants...
Soutiens ta Juliette !...

FRÉDÉRIC, qui essaye de la soutenir.

O malheureux ! Pardonne !...
Je ne peux pas... Je ne peux pas...
O Dieu ! la force m'abandonne !
Le poison !...

BÉATRIX, se relevant.

Qu'as-tu dit ?...

FRÉDÉRIC.

Je te crus morte ! hélas !
J'ai voulu mourir !

BÉATRIX, avec un cri déchirant.

Toi ! mourir ! Poison funeste !...

OLDENBOURG, à part.

Elle se livre !

FRÉDÉRIC.

Il coule dans mon sang !... me brûle !... et tour à tour,...
O douleur ! La mort et l'amour
De mes jours épuisés se disputent le reste !...

BÉATRIX, avec passion.

C'est l'amour qui l'emportera !
Mets-toi-là... dans mes bras !... sur mon cœur ! sur ma bouche !
Et qu'elle ose, la mort farouche,
Tenter si de mon sein elle t'arrachera !...

FRÉDÉRIC, avec délice.

Oh ! près du bonheur qui m'enivre
Le ciel même n'a rien dont mon cœur soit jaloux !
Oui ! oui ! je vivrai !... je veux vivre !...
Non ! vain espoir... La mort !...

BÉATRIX.

Mon amant ! Mon époux !...

FRÉDÉRIC.

Il faut nous quitter !...

BÉATRIX.

Non !... non !...

FRÉDÉRIC.

Déjà la lumière
Hélas ! se dérobe à mes yeux.

BÉATRIX.

Mon Roméo !...

FRÉDÉRIC.

Mourir à la porte des cieux !...
Oh ! les parents ont tous des entrailles de pierre !

BÉATRIX.

Rien ne peut les fléchir, ni larmes, ni prière...
Et ceux qui s'aiment sont dévoués aux malheurs!

FRÉDÉRIC.

Ma femme!...

Tâchant de se relever avec grand effort.

Elle est ma femme!

BÉATRIX.

Attends!...

FRÉDÉRIC.

O Dieu! je meurs!.

Il tombe.

BÉATRIX.

Attends ta Juliette!... attends!... une seconde!

Juliette le relève, écoute si son cœur bat encore, cherche un reste de souffle sur ses lèvres, et voyant que tout est fini, le laisse retomber.

Mort!... mort!... En vain l'on veut nous déchirer!
Dieu nous marie en toi.... mort propice et féconde!
Nous ne faisons plus qu'un!... et nulle force au monde
Ne pourra plus nous séparer!

Elle tombe sur le corps de Roméo. Tout le monde se lève et les entoure.

LA GRANDE-DUCHESSE, *seule sur le devant.*

Que de passion!... c'est étrange!...

OLDENBOURG, *qui la suit des yeux.*

Elle est pensive!

KINGSTON, *derrière le groupe.*

Un flacon! des sels!...

LA GRANDE-DUCHESSE, *traversant vivement.*

Qu'y a-t-il donc? (*La foule s'écarte et on voit Béatrix pleurant convulsivement assise sur le canapé; Frédéric, très-pâle et très-ému, lui tient la main; la grande-duchesse arrivant devant Béatrix.*) Eh bien, madame?.. (*Béatrix pleure.*

OLDENBOURG, *bas à Béatrix.*

Madame!... (*A part.*) Tout est perdu!... elle comprend! (*Béatrix relève peu à peu la tête, aperçoit la grande-duchesse et essaye de sourire au milieu de ses sanglots.*)

BÉATRIX.

Pardonnez-moi... altesse !...

LA GRANDE-DUCHESSE, froidement.

Vous pardonner!... quoi donc? d'avoir été sublime... (Mouvement de Béatrix.) Oh! vraiment... c'est plus que de l'art... Il me semblait que c'était Roméo et Juliette eux-mêmes qui parlaient!

BÉATRIX.

Madame!...

LA GRANDE-DUCHESSE, l'observant.

Voyez!... vous êtes encore toute tremblante!...

BÉATRIX, essayant de se remettre.

Un peu d'excitation nerveuse!...

LA GRANDE-DUCHESSE, avec une amertume contenue.

Non! plus que cela!... vous pleurez encore!... Que mon fils,... qui n'est pas habitué aux jeux du théâtre, soit pâle et bouleversé comme il l'est... cela ne me surprend pas... mais vous, madame... votre art doit être une bien grande fatigue pour vous, si chaque représentation vous donne une pareille émotion.

BÉATRIX.

En effet!... je ne sais ce que j'éprouve, mais la fatigue... le trouble... je vous demanderai la permission de me retirer...

LA GRANDE-DUCHESSE.

Vous savez que vous êtes chez vous... (A Oldenbourg.) Monsieur le comte, (Oldenbourg s'approche de la grande-duchesse pendant que Kingston donne à Béatrix son éventail et ses gants.) veuillez offrir votre bras à madame!

OLDENBOURG, bas à Béatrix.

Prenez garde!... (Bas à la grande-duchesse.) Que votre altesse me permette avant tout de lui confier un message qui me comble de joie.

LA GRANDE-DUCHESSE.

Lequel donc?

OLDENBOURG.

Le prince m'a chargé de dire à votre altesse de tout préparer pour son mariage avec la princesse Marguerite.

LA GRANDE-DUCHESSE, vivement.

Que dites-vous?

BÉATRIX, s'approchant de la duchesse et la saluant.

Altesse!...

LA GRANDE-DUCHESSE, la saluant avec grâce.

Madame!... (A part.) Me suis-je donc trompée?... (Béatrix s'éloigne avec le comte, Frédéric reste immobile.)

FIN DU QUATRIÈME ACTE.

ACTE CINQUIÈME

Le théâtre représente un salon du palais. — Même décor qu'au second tableau du premier acte. — Grande galerie au fond.

SCÈNE PREMIÈRE.

KINGSTON, OLDENBOURG, assis.

OLDENBOURG, à Kingston, bas et sérieusement.

Écoutez-moi bien, monsieur Kingston... car je vous ai fait venir dans ce salon pour vous parler sérieusement.

KINGSTON, consterné.

J'écoute, monsieur le comte !

OLDENBOURG.

Il ne s'agit plus de la petite comédie que j'ai jouée hier avec vous... Nous ne sommes plus ici pour badiner...

KINGSTON, désespéré.

Oh ! je n'en ai guère envie... monsieur le comte... Ruiné !.. ruiné !...

OLDENBOURG.

Mais...

KINGSTON.

Oh ! je m'y connais, monsieur le comte ! On ne joue jamais ainsi que pour son propre compte !... Elle l'aime !... Et alors... comment voulez-vous qu'elle lui résiste ?

OLDENBOURG.

Mais !...

KINGSTON.

Vous ne savez pas ce que c'est que le cœur humain... des actrices !... de celle-là surtout !... Elle ne s'est pas couchée !... elle a marché, écrit, pleuré, toute la nuit!... Et tout cela pour un homme qu'elle n'avait jamais vu!...

OLDENBOURG.

Encore une fois, je vous dis de m'écouter.

KINGSTON, toujours consterné.

Oui, monsieur le comte!

OLDENBOURG.

Tout ce que vous avez pu conjecturer, oubliez-le.

KINGSTON.

Oui, monsieur le comte!

OLDENBOURG.

Tout ce que vous avez vu, tout ce que vous avez entendu... oubliez-le.

KINGSTON, avec enthousiasme.

L'oublier!... une scène pareille... jamais!... c'était trop beau!... car il n'y a pas à dire... il a été... oh! Dieu!... si je pouvais l'engager avec elle... comme amoureux... seulement pendant un an... je deviendrais millionnaire.

OLDENBOURG, riant.

Monsieur Kingston!

KINGSTON.

Pardon! pardon! monsieur le comte!... c'est vrai!... une telle supposition!... c'est manquer de respect à son altesse!... mais c'est que je n'ai plus la tête à moi!...

OLDENBOURG.

Calmez-vous... rien n'est encore perdu!... pas même... le beau surnom de Béatrix... et je vais travailler à le lui conserver.

KINGSTON, avec doute.

Vous!... monsieur le comte!... il me semble que vous... manquez un peu d'habitude pour ce rôle-là!

OLDENBOURG, souriant.

C'est possible!... mais faites ce que je vous dis!... quelles que soient vos craintes, ne les montrez pas! quels que soient vos soupçons, ne les dévoilez pas... à personne... ni à Kœrner, ni à

Béatrix... et il se peut alors... que vos soupçons deviennent faux, et vos craintes chimériques.

KINGSTON, avec joie.

Ah! monsieur le comte!... si vous faites un pareil miracle... Soyez sûr...

OLDENBOURG.

De votre reconnaissance?... j'y compte... et je vais travailler à la mériter... Voici la grande duchesse qui vient de ce côté... laissez-moi avec elle... (Montrant la gauche.) Allez trouver Béatrix, et prévenez-la de ma visite, allez!... (Kingston sort.) Oui!... achever de détruire les soupçons de la grande-duchesse, puis faire appel au cœur de Béatrix, tel est mon devoir!... (Observant la grande-duchesse qui entre avec agitation.)

SCÈNE II.

LA GRANDE-DUCHESSE, OLDENBOURG.

LA GRANDE-DUCHESSE, entrant avec agitation.

Ah! c'est vous... je vous cherchais!

OLDENBOURG.

Votre altesse me permettra-t-elle de remarquer qu'elle me semble à la fois heureuse et inquiète?

LA GRANDE-DUCHESSE.

Oui!... vous l'avez dit, bien heureuse! et bien douloureusement inquiète! Quand mon fils vous a-t-il dit qu'il était résolu à ce mariage?

OLDENBOURG.

Presque au moment où je l'ai dit à votre altesse!... mais qu'y a-t-il donc là qui vous surprenne?

LA GRANDE-DUCHESSE.

Ce qu'il y a?... (Avec affection, descendant.) Mon cher enfant, vous êtes presque de la famille... Eh bien! hier, pendant cette scène de Roméo, à un certain cri... à un certain regard... je me suis dit : Ils s'aiment!

OLDENBOURG.

Quelle pensée!

LA GRANDE-DUCHESSE.

Prouvez-moi que c'est insensé... que c'est impossible!... Prouvez-moi que cette pâleur mortelle de Béatrix, que ces sanglots...

OLDENBOURG.

Ces sanglots!... ah! bon Dieu!... si votre altesse connaissait les artistes!... les attaques de nerfs sont une des conditions de leur talent!...

LA GRANDE-DUCHESSE.

Mais lui!... il était aussi pâle qu'elle.

OLDENBOURG.

Pâleur d'artiste, et, ce qui le prouve, c'est qu'il venait de me parler de son mariage au moment même!

LA GRANDE-DUCHESSE.

C'est vrai!

OLDENBOURG.

Il y a enfin une preuve plus décisive.

LA GRANDE-DUCHESSE.

Laquelle?

OLDENBOURG.

Le prince, votre confiance a bien voulu me l'apprendre, était encore hier sous le coup d'une passion violente, qu'il a éprouvée à Vienne!

LA GRANDE-DUCHESSE.

Eh bien! si c'était pour Béatrix?

OLDENBOURG.

C'est impossible! il l'a vue hier pour la première fois.

LA GRANDE-DUCHESSE, vivement.

Vous en êtes sûr!... Qui vous l'a dit?

OLDENBOURG.

Kingston, qui le tenait de Béatrix même.

LA GRANDE-DUCHESSE.

M. Kingston vous a dit que mon fils et Béatrix se voyaient hier pour la première fois?

OLDENBOURG.

Il me le répétait encore au moment où votre altesse est entrée...

LA GRANDE-DUCHESSE.

Ah! je respire!... voyez pourtant, mon cher comte, ce que c'est que la passion!... vous avez été témoin hier de ma sympathie pour Béatrix... Eh bien! à cette seule pensée qu'elle osait aimer mon fils... mon orgueil blessé... mon ressentiment... mon indignation... Mais loin de nous ces douloureuses chimères... je ne veux plus penser qu'au sujet de ma joie.

OLDENBOURG.

Puis-je me permettre d'être curieux, altesse?

LA GRANDE-DUCHESSE.

Oui... puisque je meurs d'envie d'être indiscrète!

OLDENBOURG.

Eh bien! cette cause de joie?...

LA GRANDE-DUCHESSE.

Ce grand événement que nous espérions depuis longtemps se réalise!... Notre vieux parent, le grand-duc de Sforden fait passer dès aujourd'hui sa couronne ducale sur la tête de son neveu, mon fils Guillaume, qui joint cette principauté à la nôtre...

OLDENBOURG.

En vérité?

LA GRANDE-DUCHESSE.

Notre maison monte au rang de maison royale... ce duché devient un royaume.

OLDENBOURG.

Il me semblait que votre altesse estimait tant les petits États!

LA GRANDE DUCHESSE.

Quand nous n'en avions qu'un petit!... mais maintenant!... un grand État ouvre une si noble carrière à un grand cœur! on peut faire de si belles choses, et de si bonnes!... Quel malheur que les nobles projets de mon cher fils Guillaume soient si souvent contrariés par sa faiblesse, par sa santé?... Enfin, qui sait?... un duché à gouverner l'a rendu malade, deux duchés le guériront peut-être?

SCÈNE III.

LES MÊMES, UN OFFICIER DU PALAIS.

LA GRANDE-DUCHESSE.

Qu'est-ce?

L'OFFICIER.

Un courrier arrive à l'instant au palais, porteur d'un message pour votre altesse.

LA GRANDE-DUCHESSE.

De qui?

L'OFFICIER.

Du grand-duc Guillaume.

LA GRANDE-DUCHESSE.

De mon fils?... sans doute pour m'annoncer l'heure de son retour... (A l'officier.) Faites entrer ce courrier dans mon cabinet! (L'officier sort. — A Oldenbourg.) Mon cher comte,... j'ai des torts envers Béatrix, j'ai été injuste hier envers elle... allez la trouver, et réparez mon injustice!... je veux que tout le monde soit aujourd'hui heureux comme moi! (Elle sort.)

SCÈNE IV.

OLDENBOURG, PUIS FRÉDÉRIC.

OLDENBOURG.

J'ai fait ce que je devais!... Les espérances de la mère sont la meilleure arme contre le fils, et quant à Béatrix... je vais... (Il se dirige vers la droite.)

FRÉDÉRIC.

Où allez-vous?

OLDENBOURG. (Il va pour sortir par la galerie, Frédéric paraît par la porte du fond.)

Le prince!

FRÉDÉRIC.

Oui! le prince!... Où allez-vous?

OLDENBOURG.

Chez elle!

FRÉDÉRIC, d'une voix ferme.

Non pas vous... mais moi!...

OLDENBOURG.

Mais, prince!...

FRÉDÉRIC.

Je sais ce que vous allez me dire... Mon mariage! ma promesse à ma mère!... Tout cela est vrai... mais tout cela s'efface devant Béatrix... Il faut que je connaisse mon sort.

OLDENBOURG.

J'oserai!...

FRÉDÉRIC.

Il le faut, vous dis-je! Il faut que je sache si ces larmes... si ces regards... La voici! Elle vient avec Kingston!... Silence!... (Ils se retirent au fond).

SCÈNE V.

LES MÊMES, BÉATRIX, KINGSTON.

(Béatrix est en habit de voyage, elle marche d'un pas ferme).

KINGSTON.

C'est sublime! c'est sublime!

BÉATRIX.

Assez, Kingston... Je ne fais que mon devoir.

KINGSTON.

Quand désirez-vous que tout soit prêt?

BÉATRIX.

Dans une heure... le temps d'écrire à la grande-duchesse. (Elle se met à écrire.)

KINGSTON, à part, pendant qu'elle écrit.

Après un départ comme celui-là, elle vaudra encore cent mille francs de plus!... Quel bel article à faire!

BÉATRIX.

Je ne veux pas m'enfuir d'ici comme une coupable, et en partant...

FRÉDÉRIC, s'élançant.

Vous, partir!

BÉATRIX.

Le prince!

FRÉDÉRIC, avec autorité à Kingston et Oldenbourg.

Éloignez-vous, messieurs!... (Mouvement de Kingston.) Éloignez-vous, je vous l'ordonne... (Kingston et Oldenbourg sortent.)

SCÈNE VI.

FRÉDÉRIC, BÉATRIX.

FRÉDÉRIC, d'une voix tremblante.

Vous partez!... vous partez!... pourquoi?

BÉATRIX, après un moment de silence.

Parce que je vous aime!

FRÉDÉRIC, avec un cri de joie.

Ah!...

BÉATRIX.

Arrêtez!... ne vous réjouissez pas!... Car vous sentez bien... n'est-ce pas?... oh! dites-le moi, pour me prouver que vous m'estimez encore!... vous sentez bien que si j'ai pu vous faire la première un tel aveu... c'est que ma résolution est invincible... oui!... invincible!... (Avec douleur.) Mon cœur sera un peu plus brisé... après vous avoir vu... mais je n'aurai pas moins de courage... Adieu!

FRÉDÉRIC, impétueusement.

Non!... je ne vous laisserai pas partir!... Non!... je n'aurai pas entendu ce mot pour ne plus l'entendre... Pourquoi fuyez-vous? Que craignez-vous?

BÉATRIX.

Ce que je crains?

FRÉDÉRIC.

Oui, je vous le demande : que craignez-vous?... mes transports?... mon égarement?... Mais regardez-moi donc! Ne voyez-vous pas dans mes yeux... dans tous mes traits... que porter atteinte à votre pureté... ce serait outrager mon amour même, que je me mépriserais comme un sacrilége si j'avais la pensée de vous dépouiller de votre auréole?...

BÉATRIX.

Et votre mariage!

FRÉDÉRIC.

Mon mariage!... Épouser une autre femme quand je vous aime!... Je brise tout!

BÉATRIX.

Pour moi!... Mais ce serait consacrer ma honte aux yeux de tous!...

FRÉDÉRIC.

Votre honte?...

BÉATRIX.

Oui!... ma honte! Que dira le monde après un tel sacrifice? Qui pourra croire qu'une femme, et une femme de théâtre surtout, puisse être aimée à ce point et rester pure? Si je ne pars pas aujourd'hui, demain je suis déshonorée!...

FRÉDÉRIC.

Béatrix!

BÉATRIX.

Demain, je tombe au rang de ces artistes méprisées qui avilissent leur art en profanant leur vie!

FRÉDÉRIC.

Béatrix!

BÉATRIX.

Demain, on dira en me voyant passer : « Voilà la maîtresse du prince Frédéric! » — Non, jamais! (Elle remonte pour s'éloigner.)

FRÉDÉRIC, l'arrêtant

Ne t'en va pas! Ne t'en va pas! Te soupçonner? Qui le pourrait? Crois-tu donc que ma tendresse égoïste et vaniteuse ait besoin de se répandre aux yeux de tous? Non, non, je ne te demanderai rien!... pas même un regard! Si tu veux que je t'évite, je t'éviterai! Ma main ne cherchera pas ta main! mes yeux ne chercheront pas tes yeux!

BÉATRIX.

Mais moi! moi!... malheureux enfant! est-ce que je pourrai commander à mes traits?... Croyez-vous donc que je sois une comédienne qui sache ordonner à son âme de se taire?... Mais quand je vous verrai passer près de moi, quand je vous entendrai parler à mes côtés, le seul son de votre voix, la seule vue de votre visage suffira pour me faire pâlir... Si vous ne trahissez pas notre amour, c'est moi qui le trahirai... et alors...

FRÉDÉRIC.

Alors ils te respecteront en se rappelant qui tu es.

BÉATRIX.

Qui je suis!... qui je suis!... Et qui me dit que je le serai toujours? Ah! ce moment est terrible... et il faut jeter tous les vains déguisements de côté!... Hier, quand je vous ai revu, je m'étais juré de cacher mon amour à tous les yeux, aux vôtres surtout! L'ai-je pu?... Quand vous avez joué cette scène de Roméo, à chacun de vos pas vers moi, à chacun de vos accents, j'ai mis entre vous et moi la barrière de toute ma vie... J'ai supplié Dieu de me donner la force d'étouffer le cri de mon cœur... J'ai adjuré tous les souvenirs qui me sont sacrés... mon père... mon frère!... A quoi cela m'a-t-il servi? à rien!... Aussitôt que ces paroles d'amour sont sorties de votre bouche, j'ai tout oublié, et j'ai couvert malgré moi votre visage de mes baisers... Hélas! malheureuse!... de mes baisers!... de mes baisers!... (Elle fond en larmes.)

FRÉDÉRIC, avec joie.

C'était donc vrai!... Ces baisers étaient donc bien ceux de ton cœur... ce n'était donc pas seulement Juliette, mais Béatrix?

BÉATRIX.

Oui! Béatrix insensée, égarée; Béatrix qui n'a pas de force contre vous! Comprenez-vous maintenant que si je reste ici, je suis perdue?...

FRÉDÉRIC.

Mais écoutez-moi donc !

BÉATRIX.

Oh ! je sais ce que vous allez me dire, et je le crois !... Oui, mon ami... oui, vous me respectez aujourd'hui ! vous voulez me respecter toujours ! mais qui me dit que demain vous m'aimerez encore ainsi ? Il ne faut pas s'abuser par de vaines paroles ; n'est-ce pas là l'histoire de toutes les victimes de la passion, cette sombre histoire que la poésie m'a dévoilée à demi jusqu'à ce jour, et que mon cœur comprend maintenant tout entière. Demain, dans un instant !... ne me demanderez-vous pas comme une grâce ce qu'aujourd'hui vous repoussez comme un soupçon outrageant ?... Ne vous verrai-je pas à mes pieds, les yeux pleins de larmes... me reprochant de ne pas vous aimer si je vous repousse ?... Eh bien ! je le sens, je ne pourrai pas vous repousser.

FRÉDÉRIC.

Ah !

BÉATRIX, se jetant à ses pieds.

Ah ! qu'ai-je dit ? Je n'ai plus qu'un seul refuge, je me jette à vos genoux... je les embrasse comme une suppliante... Je ne veux plus m'enfuir malgré vous.. Voyez ! je prends votre main !... C'est à vous seul que je veux devoir mon salut... c'est à vous que je demande appui contre vous, contre moi !... Laissez-moi partir !... laissez-moi partir !...

FRÉDÉRIC.

Non ! non !

BÉATRIX.

Je vous en conjure au nom de votre mère, de votre sainte mère !...

FRÉDÉRIC.

Tais-toi !...

BÉATRIX.

Vous le savez, elle m'a tendu la main... elle m'a dit qu'elle m'estimait !... Oh ! vous ne voudrez pas m'enlever l'estime de votre mère !... Vous aurez pitié de moi... je vous en supplie !... Frédéric !... je vous en supplie !...

FRÉDÉRIC, après un long silence où il l'a regardée avec passion.

O Juliette! Juliette!... Pourquoi es-tu si belle ainsi?...

BÉATRIX, avec un peu d'effroi.

Frédéric!

FRÉDÉRIC, avec passion, mais à voix basse.

Amie.., amie!... l'amour n'a-t-il pas ses droits... et un des plus sacrés n'est-il pas le mystère?... Quand on s'aime comme nous nous aimons, quand la tendresse, le respect, la poésie même agrandissent l'amour et qu'ils élèvent jusqu'à l'idéal les plus vifs transports de la passion, n'est-ce pas un droit, presque un devoir, de dérober au blâme du monde un amour qu'il absoudrait s'il pouvait le connaître tout entier, et qu'il ne condamne que parce qu'il ne peut le deviner?...

BÉATRIX.

Voler l'estime du monde!... Jamais!... Le jour où Béatrix aurait... pourquoi hésiter devant le mot?... le jour où Béatrix aurait un amant, tout le monde le saurait!

FRÉDÉRIC, impétueusement.

Eh bien! eh bien!... tu as raison!... Oui! je te mentais! oui! je me mentais à moi-même en te parlant de réserve, de raison, de contrainte! Oui! ce cœur jaloux te veut tout entière, comme il se donne tout entier; il a besoin d'être fier de toi aux yeux de tous.

BÉATRIX, d'un ton suppliant.

Frédéric!

FRÉDÉRIC, cherchant à l'entraîner.

Partons ensemble!

BÉATRIX, avec des larmes.

Pensez à votre mère!...

FRÉDÉRIC.

Je pense à toi! Partons!

BÉATRIX.

Mon ami!

FRÉDÉRIC.

Ne me parle de rien... Je ne connais plus rien... que toi!... Fuyons dans quelque coin ignoré du monde...

BÉATRIX, *se dégageant de ses bras.*

Non! non! jamais! non! je ne parjurerai pas toute ma vie!... Non!... adieu!

FRÉDÉRIC, *avec amertume.*

Soit, adieu! partez!... Laissez-moi seul avec mon désespoir!... Aussi bien... je commence à voir clair dans votre cœur!...

BÉATRIX.

Dans mon cœur!...

FRÉDÉRIC.

A voir que vous avez de la fierté, de la noblesse, du génie, de la grandeur, si vous voulez!... mais de l'amour! non!...

BÉATRIX, *avec douleur.*

Je ne l'aime pas!... Il dit que je ne l'aime pas!... (*Lui saisissant la main.*) Écoutez!.... (*D'une voix tremblante.*) Il est une chose qui m'est mille fois plus chère que la vie, c'est mon art! Il m'est aussi cher que mon honneur même! ou plutôt ils ne font qu'un tous les deux! Oui, si j'ai fait entendre sur la scène quelques accents émus et touchants, c'est que je les tirais d'un cœur pur! Je ne suis quelque chose que parce que je suis quelqu'un, quelqu'un de sincère... et le jour où la femme en moi serait avilie, l'artiste mourrait du même coup!...

FRÉDÉRIC.

Béatrix!

BÉATRIX.

Ne m'interrompez pas, ne me répondez pas par mon talent... Je sais bien que j'ai du talent... Je sais bien que, même déchue, je pourrais, à force de travail, tromper quelque temps le public et animer mes rôles d'une vie passagère, mais ils ne jailliront plus de moi... ils ne seront plus moi... j'aurai tari la source, j'aurai éteint le foyer... je n'oserai plus représenter ni Pauline, ni Octavie, ni Antigone!... je suis une artiste finie!...

FRÉDÉRIC.

Béatrix!...

BÉATRIX.

Mais que vous importe, à vous, implacable ingrat? Ce qu'il vous faut, c'est que je m'immole tout entière!... Eh bien! donc, soyez satisfait! Prenez-moi! partons! Ce qui arrivera, je n'en sais rien. J'y perdrai peut-être ma vie... et plus que ma vie!... mais du moins... tu seras heureux, toi!...

FRÉDÉRIC, après un moment de silence, d'une voix pleine de respect et de tendresse.

Béatrix, chère Béatrix, j'ai une grâce à vous demander.

BÉATRIX.

Une grâce à moi, laquelle?

FRÉDÉRIC.

Béatrix, consentez-vous à devenir ma femme?

BÉATRIX, avec un cri de joie.

Votre femme?... Que dites-vous?

FRÉDÉRIC.

Ce que je rougis d'avoir tant tardé à dire!

BÉATRIX.

Votre femme!... votre femme!...

FRÉDÉRIC.

S'il y a ici une âme vraiment royale, ce n'est pas la mienne.

BÉATRIX, hors d'elle.

Non, non! Une comédienne!... Vous?... Une comédienne!...

FRÉDÉRIC.

Que suis-je donc, moi?

BÉATRIX.

Et votre titre? et votre rang?

FRÉDÉRIC avec calme et une émotion contenue.

Mon titre, je le résigne demain; mon rang, je ne suis que le premier sujet de mon frère. Écoutez-moi : si j'occupais réellement le rang et la place de prince souverain, si ce duché m'appartenait, si j'avais un peuple à conduire et un exemple public à donner, je comprendrais vos scrupules, bien plus, je les partagerais... Vous ne m'accuserez pas, j'espère, de braver les idées reçues. (Avec force.) Oui, je les partagerais!... Car j'ai vu ici, en Allemagne, combien de telles unions jettent de défaveur sur le souverain et le font déchoir aux yeux de son peuple!... Voyons...

êtes-vous satisfaite? Ai-je bien plaidé la cause du devoir contre la passion?... Et ai-je le droit de vous dire maintenant : Pourquoi ne consentiriez-vous pas à devenir ma femme, puisque je ne manque à aucun devoir en vous le demandant?...

BÉATRIX.

Mon ami, vous oubliez le plus sacré de tous ces obstacles...

FRÉDÉRIC.

Mon titre de fils?... Soyez tranquille, je n'oublie jamais ma mère... car c'est d'elle-même que je veux vous tenir aujourd'hui!

BÉATRIX.

D'elle-même?

FRÉDÉRIC.

Oui... d'elle-même... Allons vers elle!

BÉATRIX.

Vers votre mère?

FRÉDÉRIC.

Du courage, ma bien-aimée! Vous ne connaissez pas ma mère! Le premier coup sera terrible... Mais pour moi, prince sans principauté, et pour vous qui avez une double gloire à ses yeux, elle se laissera fléchir. Elle vous estime..... Elle vous admire..... et elle m'aime..... Courage!..... venez!...

SCÈNE VII.

LES MÊMES, LA GRANDE-DUCHESSE, sortant de son cabinet et parlant à la cantonade.

LA GRANDE-DUCHESSE, au fond, avec l'accent de la joie.

Oui, messieurs, que tout le monde se réunisse dans le grand salon de réception du palais pour entendre cette nouvelle. (Apercevant Frédéric.) Mon fils!... (Elle court à lui.) Frédéric! mon Frédéric! embrasse-moi!... Encore! encore!

FRÉDÉRIC.

Qu'as-tu donc, ma mère?... d'où viennent ces larmes?

LA GRANDE-DUCHESSE.

Ne t'inquiète pas, cher fils, ce sont des larmes qui ne font pas de mal! Mon rêve de dix ans, l'espoir de toute ma vie, réalisé!

BÉATRIX.

Je m'éloigne, madame...

LA GRANDE-DUCHESSE.

Non, restez... J'ai besoin d'un témoin, et je n'en sais pas de plus digne que vous de m'entendre

FRÉDÉRIC.

N'est-ce pas, ma mère?

LA GRANDE-DUCHESSE, à Frédéric, lui tendant un papier.

Tiens, lis...

FRÉDÉRIC, lisant.

Ciel! de mon frère!

LA GRANDE-DUCHESSE.

Oui, de ton frère! Fatigué, effrayé maintenant de cette double couronne, il résigne entre tes mains ce duché et celui de Sforden: tu es prince souverain!

FRÉDÉRIC.

Souverain!

BÉATRIX.

Souverain!... Tout est fini!

OLDENBOURG, paraissant sur le seuil de la porte du fond, et descendant en scène.

Altesse, la foule, selon vos ordres, se presse dans le grand salon et attend avec impatience la confirmation de cette heureuse nouvelle.

LA GRANDE-DUCHESSE.

Je vais la leur annoncer moi-même! (A Frédéric.) Vous me permettez cette joie, mon fils... et nous règlerons ensuite... toutes les cérémonies de ce grand jour... (A sa suite.) Venez, messieurs!...
(Elle sort avec Oldenbourg et sa suite.)

SCÈNE VIII.

FRÉDÉRIC, BÉATRIX; *pendant la sortie de la grande-duchesse, Frédéric s'est approché de Béatrix qui est tombée assise sur un siège.*

FRÉDÉRIC, *bas.*

As-tu entendu?

BÉATRIX, *reprenant ses forces.*

Et j'ai compris!

FRÉDÉRIC.

Tu as compris que de grands devoirs me sont imposés? *(Signe d'assentiment de Béatrix.)* Que je dois tout faire pour les remplir? *(De même.)* Que Dieu même me l'ordonne? *(De même.)*

BÉATRIX.

Oui! je le crois... car il le faut!

FRÉDÉRIC.

Eh bien, dans un quart d'heure, tu seras ma femme!

BÉATRIX.

Frédéric!

FRÉDÉRIC.

Ici, dans un quart d'heure! le chapelain du palais nous attendra pour nous unir.

BÉATRIX.

Et votre trône!...

FRÉDÉRIC.

Tu le partageras!

BÉATRIX.

Et ce que vous me disiez là... là... à l'instant!..

FRÉDÉRIC.

Je ne me souviens que des paroles de Roméo... tu es ma femme!... et nul pouvoir au monde ne pourra nous séparer!... *(Il sort.)*

SCÈNE IX.

BÉATRIX, *seule.*

Que faire?... l'attendre?... je ne pourrais plus lui résister! Fuir?... et sa douleur!... Oh! le vertige me prend!... mon courage s'en va, et... le moment approche!... une force!... ô mon Dieu!... une force!

SCÈNE X.

BÉATRIX, LA GRANDE-DUCHESSE.

LA GRANDE-DUCHESSE, *au fond, à la cantonade.*

C'est bien, messieurs!... mon fils vous recevra sur l'heure.

BÉATRIX, *courant à elle et se jetant à ses pieds.*

Sauvez-le! sauvez-le!

LA GRANDE-DUCHESSE.

Qui?

BÉATRIX.

Le prince!

LA GRANDE-DUCHESSE.

Mon fils?

BÉATRIX.

Il se perd! il veut se perdre!...

LA GRANDE-DUCHESSE.

Votre tête s'égare! Quel péril peut le menacer?

BÉATRIX.

Le plus grand de tous, le blâme, la réprobation de son peuple!

LA GRANDE-DUCHESSE.

C'est impossible!... que veut-il donc faire?

BÉATRIX.

Ce qu'il veut? Il veut ouvrir son règne en m'épousant... moi!... Béatrix!..

LA GRANDE-DUCHESSE, avec indignation.

Vous!

BÉATRIX, d'une voix entrecoupée.

Oh! j'ai résisté tant que j'ai pu!... mais je l'aime trop!...

LA GRANDE-DUCHESSE, passant à droite.

Mon fils!... me faire un tel outrage!

BÉATRIX.

Il va venir!... A mon aide!... sauvez-le de lui!... de moi!...

LA GRANDE-DUCHESSE, avec colère.

Eh! comment voulez-vous que je le sauve?... (Avec reproche.) Moi... qui vous ai traitée comme une mère!... Comment l'avez-vous fasciné?... par quelle séduction?...

BÉATRIX, avec fierté.

Madame!...

LA GRANDE-DUCHESSE, se reprenant.

Oh! je suis insensée! la douleur me rend inique et cruelle!... Vous accuser!... quand c'est vous, admirable fille!... qui venez me dire en vous brisant le cœur...

BÉATRIX.

Ne parlons pas de moi!... Qu'importe que la pauvre comédienne souffre et meure? Ce qu'il faut, c'est qu'il soit grand... lui! c'est que vous soyez heureuse... vous, madame!

LA GRANDE-DUCHESSE.

Taisez-vous!

BÉATRIX.

Et que je sois pour quelque chose dans votre bonheur à tous deux!

LA GRANDE-DUCHESSE.

Mais taisez-vous donc, malheureuse! si vous voulez me laisser du courage, à moi!

BÉATRIX.

Vous en aurez!... nous en aurons! c'est pour lui!

LA GRANDE-DUCHESSE.

Ah! vous l'aimez autant que moi!

BÉATRIX.

Ne vous attendrissez pas... je vous en supplie !... Aidez-moi à partir tout de suite... secrètement... sans le voir...

LA GRANDE-DUCHESSE, éperdue.

Vous aider?... Est-ce que je le puis? Est-ce que je le dois ?... Vous croyez donc, parce que je suis princesse, que je n'ai ni cœur ni entrailles, pour vous imaginer que je puisse voir tant de courage, tant d'abnégation et tant de douleur sans être émue jusqu'aux larmes... Et cependant, non !... non !... c'est impossible !... Ce mariage attirerait sur mon fils... sur moi... Tenez, laissez-moi !... vous me mettez à la torture !... Laissez-moi !

SCÈNE XI.

LES MÊMES, FRÉDÉRIC.

BÉATRIX, l'apercevant.

Lui !...

LA GRANDE-DUCHESSE.

Mon fils !...

BÉATRIX.

Oh ! madame, soutenez-moi !

LA GRANDE-DUCHESSE, allant à Frédéric, et prenant le milieu du théâtre.

Je sais tout !... Elle m'a tout appris !... T'ordonner de renoncer à elle, je ne le puis... Te dire de l'épouser, je ne le dois pas !... Je n'ai pas la force de choisir ; c'est à elle que je remets le destin de ta vie !

BÉATRIX.

A moi ?...

LA GRANDE-DUCHESSE.

Qu'elle prononce... j'accepte tout !

FRÉDÉRIC, courant à Béatrix.

Béatrix !... entends-tu ? entends-tu ?

BÉATRIX, après un long silence; d'abord, anéantissement; elle regarde sans voir, puis regard plein de tendresse et de passion jeté sur Frédéric; puis avec effort, d'une voix pleine de respect et de douleur :

Adieu, sire!

FRÉDÉRIC, poussant un cri déchirant.

Ah!...

BÉATRIX, courant à lui avec le plus grand trouble.

Ami! ami!... ne faites pas de mon sacrifice un martyre!... Si ce n'est par amour... que ce soit par compassion!...

FRÉDÉRIC, avec un accent farouche.

Laissez-moi!

BÉATRIX, avec désespoir.

Mais je ne peux pas accepter... votre malheur!

FRÉDÉRIC.

Mon malheur!

BÉATRIX, avec force.

Oh! vous me l'avez dit vous-même! De pareils mariages n'amènent jamais que douleurs et déchirement. Je vous verrais donc humilié à cause de moi, et en arrivant peut-être à maudire tout bas le jour où vous m'avez aimée!... Jamais!

SCÈNE XII.

LES MÊMES, OLDENBOURG, KINGSTON, au fond.

KINGSTON, d'une voix hésitante.

Tout est prêt.

BÉATRIX, après un mouvement.

Bien! (La grande-duchesse fait un mouvement vers elle; Frédéric a relevé la tête. Avec effort, à Frédéric et à la grande-duchesse.) C'est pour mon départ!... Mais, avant de partir, j'ai une grâce à obtenir de vous! (Mouvement de la grande-duchesse.) Vous allez réaliser ici de nobles projets : je voudrais... employer un peu de l'or que je devrai... à ce talent que vous aimez tous deux... à faire ici... quelque œuvre utile... comme vous... avec vous... Ce serait bien doux pour moi !... Ce serait comme un lien entre nous !... (A Frédéric.) Votre peuple, voyant mes bienfaits à côté des vôtres, se plairait peut-être à confondre nos deux noms dans ses bénédictions... et votre mère elle-même dirait tout bas : Elle n'a pu être sa femme, mais elle méritait de l'être !... Vous le voulez bien ?... Merci !... (Elle fait un pas pour sortir.)

LA GRANDE-DUCHESSE, lui tendant une chaîne qu'elle détache de son cou.

Béatrix, cette chaîne m'a été donnée par mes deux fils... Je ne l'avais jamais quittée... Qu'elle vous rappelle que vous avez une amie qui vous vénère ! (Béatrix veut lui baiser la main ; la grande-duchesse lui ouvre ses bras ; Béatrix s'y jette, et elles restent quelque temps embrassées, puis Béatrix se retourne vers le prince et s'arrête.

BÉATRIX, avec résolution.

Allons !... (Elle s'élance au dehors. — Frédéric pousse un cri de désespoir.

LA GRANDE-DUCHESSE, tombant sur un siége et fondant en larmes.

Quel dommage !...

FIN.

PARIS. — IMPRIMERIE DE J. CLAYE, RUE SAINT-BENOIT, 7.

CHEZ LES MÊMES ÉDITEURS. **ÉDITIONS FORMAT IN-8°.** SUR BEAU PAPIER GLACÉ

F. GUIZOT

Mémoires pour servir à l'histoire de mon temps. Tom. I à III. 3 volumes. . . . 22 50

Trois Rois, Trois Peuples et Trois Siècles 1 v. (*s. pr.*) 7 50

Histoire de la Fondation de la République des Provinces-Unies, par J. Lothrop Motley, précédée d'une introduction, 4 volumes 24 »

La Chine et le Japon, mission du comte d'Elgin, 1857-1858-1859, racontée par Laurence Oliphant, précédée d'une introduction, 2 vol. . 12 »

VILLEMAIN

La Tribune moderne. 1re partie M. de Chateaubriand, sa vie, ses écrits, son influence littér. et polit. sur son temps. 1 vol. 7 50

2me partie (*s. pr.*) 1 v. 7 50

****

Alesia, étude sur la septième campagne de César en Gaule avec 2 cartes. 1 vol. . 6 »

****

Études sur la Marine. 1 v. 7 50

****

Madame la duchesse d'Orléans (Hélène de Mecklembourg-Schwerin). (6e éd.) 1 v. 5 »

VICTOR HUGO

La Légende des Siècles. 2 volumes . . . . 15 »

Les Contemplations (4e édition). 2 volumes . . . 12 »

MADAME RÉCAMIER

Souvenirs et Correspondance tirés de ses papiers (2e édition), 2 volumes. . . . 15 »

JOSEPH DE MAISTRE

Correspondance diplomatique, 1811-1817, recueillie et publiée par Albert Blanc. 2 volumes. . . . . . 15 »

LOUIS DE VIEL-CASTEL

Histoire de la Restauration, tomes I et II. 2 vol.. 12 »

JULES DE LASTEYRIE

Histoire de la Liberté politique en France (1re partie), 1 volume. 7 50

PRÉVOST-PARADOL

Essais de Politique et de Littérature. 1 volume. . 7 50

SAINT-MARC GIRARDIN

Souvenirs et Réflexions politiques d'un Journaliste, 1 volume 7 50

MADAME DU DEFFAND

Correspondance inédite avec la duchesse de Choiseul et l'abbé Barthélemy, précédée d'une Notice de M. de Ste-Aulaire. 2 vol. . . 15 »

MICHEL NICOLAS

Des Doctrines religieuses des Juifs pendant les deux siècles antérieurs à l'ère chrétienne 1 volume. . . 7 50

LOUIS DE LOMÉNIE

Beaumarchais et son temps, études sur la société en France au XVIIIe siècle, d'après des documents inédits (2e édition). 2 vol. . . 15 »

J. FERRARI

Histoire de la raison d'État, 1 volume. 7 50

CHARLES NISARD

Les Gladiateurs de la république des lettres, aux XVe, XVIe et XVIIe siècles. 2 vol. 15 »

DUVERGIER DE HAURANNE

Histoire du Gouvernement parlementaire en France, 1814-1848. 4 volumes. 30 »

LE PRINCE EUGÈNE

Mémoires et Correspondance polit. et militaire, publiés par A. du Casse. 10 v. 60 »

LOUIS REYBAUD

Études sur le régime des manufactures. Condition des ouvriers en soie. 1 vol. 7 50

LAMARTINE

Geneviève. 1 beau vol. . 5 »

Nouv. Confidences. 1 v. 5 »

Toussaint Louverture 1 v. 5 »

ERNEST RENAN

Études d'Histoire religieuse (4e éd.). 1 volume. . . 7 50

De l'Origine du Langage (3e édition) 1 volume. 6 »

Averroès et l'Averroïsme. (2e édition) 1 volume. 7 50

Histoire et système comparé des lang. sémitiques (2e édition). 1 volume. . . 12 »

Le Livre de Job, trad. de l'héb. (2e édition). 1 volume. 7 50

Essais de morale et de critique, 2e édition). 1 vol. 7 50

Le Cantique des cantiques, trad. de l'hébreu, avec une étude sur le poëme. 1 vol. . 6 »

EDGAR QUINET

Merlin l'enchanteur, 2 volumes . . . . 15 »

LORD MACAULAY

Traduit par Guillaume Guizot.

Essais historiques et biographiques. 2 vol. . . . 12 »

Essais sur l'histoire d'Angleterre (*s. presse*), 1 v. 6 »

Essais sur la littérature anglaise (*s. presse*. 2 v. 12 »

CHARLES LENORMANT

Beaux-arts et Voyages, précédés d'une introduction par M. Guizot. 2 volumes. 15 »

LE COMTE DE MARCELLUS

Chateaubriand et son temps. 1 volume. 7 50

CHARLES DE RÉMUSAT

Politique libérale. 1 v. 7 50

J. SALVADOR

Paris, Rome, Jérusalem, ou la Question religieuse au XIXe siècle 2 vol. . . . . . 15 »

LE PRINCE A. DE BROGLIE

Questions de Religion et d'Histoire. 2 vol. . . 15 »

I. BÉDARRIDE

Les Juifs en France, en Italie et en Espagne 2e éd.) 1 v. 7 50

LE MARÉCHAL DE St-ARNAUD

Lettres (1832-1854), 2e édit. précédée d'une Notice par M. Sainte-Beuve. 2 volumes avec portrait et autographe du maréchal. . . . . 15 »

DE LATENA

Étude de l'Homme (3e édit.), 1 volume. 7 50

ALEXIS DE TOCQUEVILLE

L'Ancien Régime et la Révolution (4e édit.). 1 vol. 7 50

J.-J. AMPÈRE

Promenade en Amérique, États-Unis. — Cuba. — Mexique (2e édition). 2 vol. . 12 »

César, scènes hist. 1 v. 7 50

L'Histoire romaine à Rome (*sous presse*) 2 vol. 15 »

LE COMTE DE MONTALIVET

Le Roi Louis-Philippe (Liste Civile). Nouv. édit., augm. de notes, pièces justificat. et documents inédits avec portr. et un fac-similé du roi, et un plan du château de Neuilly. 1 volume. 6 »

OSCAR DE VALLÉE

Le Duc d'Orléans et le Chancelier Daguesseau. 1 v. 7 50

Antoine Lemaistre et ses Contemporains. — Études sur le XVIIe siècle (2e éd.). 1 v. 7 50

J.-B. BIOT

Mélanges scientifiques et littéraires. 3 volumes. . 22 50

E. DE VALBEZEN

Les Anglais et l'Inde, avec notes, pièces just. et tableaux statist. (2e éd.) 1 vol. 7 50

LE COMTE MIOT DE MELITO

Ses Mémoires publiés par sa famille. 1788-1815. 3 v. 22 50

la PRINCESSE de BELGIOJOSO

Asie Mineure et Syrie, Souvenirs de voyage. 1 vol. 7 50

Histoire de la maison de Savoie . . . . . 1 vol. 7 50

JULES JANIN

La Religieuse de Toulouse, 2 volumes. . . . . . 15 »

Les Gaîtés champêtres. 2 volumes . . . . 12 »

CHARLES MAGNIN

Histoire des Marionnettes d'Europe depuis l'antiquité jusqu'à nos jours. 1 v. 6 »

PARIS. — IMPRIMERIE DE J. CLAYE, RUE SAINT-BENOIT, 7.